作者简介

蔡劲松　北京航空航天大学人文与社会科学高等研究院院长，兼任北航文化与艺术传播研究院执行院长、艺术馆馆长，研究员、博士。曾担任北京航空航天大学宣传部部长十余年。大学文化理论与建设实践领域知名专家，中国作家协会会员、中国美术家协会会员、全国高校博物馆育人联盟副秘书长、北京高校新闻与文化传播研究会副理事长、北京市中青年社科理论人才"百人工程"学者、《文化传播》学术集刊主编。

主要从事大学文化、高教管理、文化传播与管理、公共艺术设计等领域的研究。曾主持省部级课题多项，发表学术论文50余篇，出版专著《大学艺境：文化视野与公共艺术》、《大学博物馆的当代转型：文化育人与公共服务》（第一作者）、《大学文化理论构建与系统设计》（第一作者）等。出版文学艺术著作7部，多次在北京、台湾等地举办绘画及雕塑个展。

蔡劲松／著

大学的文化逻辑

理念·议题·实践

人民日报学术文库

人民日报
出版社

图书在版编目（CIP）数据

大学的文化逻辑：理念 议题 实践／蔡劲松著.
—北京：人民日报出版社，2017.3
ISBN 978 - 7 - 5115 - 4650 - 0

Ⅰ.①大… Ⅱ.①蔡… Ⅲ.①高等学校—校园文化—
研究 Ⅳ.①G647

中国版本图书馆 CIP 数据核字（2017）第 081254 号

书　　名：大学的文化逻辑：理念 议题 实践
著　　者：蔡劲松

出 版 人：董　伟
责任编辑：刘天一
封面设计：中联学林

出版发行：人民日报出版社

社　　址：北京金台西路 2 号
邮政编码：100733
发行热线：（010）65369509　65369527　65369846　65363528
邮购热线：（010）65369530　65363527
编辑热线：（010）65369844
网　　址：www. peopledailypress. com
经　　销：新华书店
印　　刷：北京欣睿虹彩印刷有限公司

开　　本：710mm×1000mm　1/16
字　　数：201 千字
印　　张：14.5
印　　次：2017 年 4 月第 1 版　　2017 年 4 月第 1 次印刷

书　　号：ISBN 978 - 7 - 5115 - 4650 - 0
定　　价：68.00 元

目 录
CONTENTS

大学要开展"朝向文化的教育"（代序）

两个世纪前,德国柏林大学因威廉·洪堡的教育改革理念,以及将教学与科研融合为一体的制度体系设计,使其成功转型为世界上首个现代意义上大学的典范。今天,回顾200余年来大学的发展历程,高等教育界普遍意识到现代大学的成功,不仅源于大学组织制度设计的综合更新,很大程度上更源于大学教育理念的革新和文化价值的塑造——现代大学精神和文化创造的力量,这一发现使得大学不同专业和学科的知识创造与知识传授立足于优秀的人文与科学传统,注重培植生命个体的综合素养,转型为"朝向文化的教育"。也因此,大学在时代进步的潮流中,更多地担负着优秀文化传承、核心价值引领、文化基因耕种、文明成果传播的使命,被喻为"象牙塔"的大学校园,日益成为凝结着知识与智慧、情怀与梦想的文化驿站和精神家园。

那么,如何才能实现"朝向文化的教育"？从人才培养的角度看,科学创新精神、学科专业能力、人文艺术素养共同构建成为高素质人才三足鼎立、不可或缺的生长要素。从"育人为本"的大学教育本质来看,教师和学生在一所共同的大学"教学相长""富有生命地交往",在理想与现实、继承传统与创新发展、科学精神与人文精神的统一中,透过大学文化的滋养和文化育人的途径,使大学教育的核心使命——"人才培养"被赋予温度、情怀并刻上文化自觉的烙印。

有人说,今天的中国大学最缺的是精神境界与人文滋养,其实不无道理。相对当下中国高校建设"双一流"大学的热潮,倡导"朝向大学要文化的教育"趋向,其实是期望大学回归"象牙塔"的隐喻,回归人格塑造、生命养成的本质。王国维先生曾说:"有境界则自成高格。"这虽然是关于词的经典评述,但投射到大学环境和大学人的生命修为中,又何尝不是如此呢? 从供给侧的视角看,则需不断提升大学育人的境界,最大限度降低"功利"的影响,这必然需要提高对文化育人、人文艺术素养教育重要性的认知。

在生命个体的综合能力养成中,人文艺术素养一方面体现为"超凡脱俗"的审美态度、丰富的情感体验,另一方面还表现为拓展创新思维、积淀创造能力的人生修养。大学人文艺术素养教育不是"活动"或"运动",而是包括使学生的视野更加宽阔、情操更加高尚、灵感更加丰富、思维更加活跃、人格更加健全的大学文化育人及传播体系。

大学文化不仅意味着"人化",同时大学文化亦能"化人",即在大学文化育人系统中,通过其影响和作用促使大学人之间的互动关系进一步发生变化,并使之精神面貌、素质能力得到综合提升。近些年来,国内许多高水平大学在探索拔尖创新人才培养中,开始有选择地引入并推行西方大学通识教育、博雅教育等概念,期望在提升学生的综合素质和能力方面,更多地增加人文艺术素养的比重,将文化育人提到了前所未有的高度。但另一个事实是,当下我国大学人文艺术素养教育,还不同程度存在规模"散而小"、层次"低且差"、方法"无序、不专"的现状,以活动替代体系、以课程替代培育、以"有用"替代"无用",无论是机制、模式,还是途径、内涵,都亟待深广开掘。深入推进大学人文艺术素养教育,需要突破学科、形式、内容、渠道等的分割,需要从滋养校园、培育人才出发创新机制、加大投入、增强配置,需要广泛引进社会人文艺术优质资源,在促进科学、人文、艺术融合的路径上,探索构建人文艺术素养教育大格局。

以北京航空航天大学为例,近年来我们着眼大学文化传承创新视阈,以加强人文艺术素养教育为核心,基于文化与艺术传播研究院的建设构架及模式,深入考察营建校园人文艺术氛围的观念与实践在拔尖创新人才培养中的双重意义与作用，坚持传播科学、人文与艺术精神，制定实施"文化培育工程""文化校园建设计划"，着力营造一种具有社会引领作用的大学文化育人生态。首先，深入探讨大学文化建设体系及其文化育人本质；其次，突出人文艺术素养教育在人才培养中的地位和作用；第三，广泛借鉴国内外大学校园人文艺术素养教育的模式与经验；第四，以新的机制探索校园人文艺术氛围的生成机制和传播平台建设，拓展了大学人文艺术素养教育和文化育人新境界。

在这个过程中，我们不断丰富载体和手段，加强对文化育人环境与实践氛围的培育。其一，提升校园艺境品位，形成"文化景观"品牌。注重把以办学理念和校训、校风、校歌等为核心的治学文化采用公共艺术的形式进行表现和固化，相继在两校区新建了《世纪之声》《校训树》《北航星》《翱翔的历程》《带一片音符去未来》等几十件与校园环境融合、艺术品位高的公共艺术作品，在校园中形成了特殊的文化艺术传播场。其二，搭建高端传播平台，形成"人文滋养"品牌。陆续新建了艺术馆、音乐厅、校史馆、航空航天博物馆、艺文雅苑、创享空间等多元文化设施，初步构建了校园"一轴两翼"人文滋养"绿化带"。譬如，北航艺术馆坚持"公益性、专业化、高品位"定位，成立十年来不断探索以展览为核心的育人模式，持之以恒地将高雅艺术引入校园，连续举办展览逾200期，校内外观众超过百万人次，艺术品质、学术品格和社会影响与日俱增，被媒体誉为"中国高校最有影响力的公益性公共艺术传播空间"，获全国高校博物馆育人联盟优秀育人项目特等奖；北航音乐厅坚持"文化性、艺术性、经典性"定位，成立四年来组织海内外高水平艺术精品演出达160余场，形成了艺术滋养和文化育人新亮点；率先在全国高校实施"驻校艺术家/作家计划"，已开展"艺文赏析与体验"育人项目"中国山水画赏析与创作""中国花鸟画赏析与创作""中华诗词赏析与创作"3届，被评为全国高校"礼敬中华优秀传统文化"特色展示项目。

本质上，大学人文艺术素养教育的一项重要职能，是启发莘莘学子学会在智识积累和日常中发现美，从各自的经验出发体认美，并将审美与想象作为自身成长、发展过程中的一种基本素养。智识性、文化性、审美性、生命力、创造力、想象力，是人文艺术素养教育不可忽视的几个重要要素。

美国哲学家怀特海说："一所大学是充满想象力的，否则它便什么也不是。"建设一所具有"想象力"的大学，是实现"朝向文化的教育"的应有之义，这一切都离不开人文艺术素养教育的深广开掘。为此，不仅需要从学理上梳理和重构国际化维度中人文艺术素养教育的价值取向，更需要从实践出发，重视教育过程、方法以及教育形态的丰富性，建立以提升学生乃至社会公众人文艺术素养为内核的目标，建立适应世界高等教育发展、体现时代变迁的大学人文艺术素养教育新体系，将大学营建成为开启创造性文化艺术生活的圣殿。

大学校园中的文化与艺术，代表着心灵畅想与人文关怀，而这种人文关怀满足着大学人在追求真理过程中的情感渴望，滋养大学人的心灵成长。正如朱光潜先生指出，"人生本来就是一种较广义的艺术""艺术的创造之中都必寓有欣赏，生活也是如此"。1932 年，他在莱茵河畔写下了《"慢慢走，欣赏啊！"——人生的艺术化》这篇短文。他说，"艺术是情趣的活动，艺术的生活也就是情趣丰富的生活……情趣愈丰富，生活也愈美满，所谓人生的艺术化就是人生的情趣化。"今天重读这些发自肺腑的话语，深感大学人文艺术素养教育之于人才培养乃至整个社会文化生态构建的重要性。

慢慢走，滋养啊！如此，我们可以想象，一个个被人文艺术滋养的大学校园，怎能不令人无限向往呢？

原载《人民政协报》2016 年 6 月 8 日（有删节），标题为《大学要开展"朝向文化的教育"》；全文载《大学文化传承创新研究（第 5 辑）》，教育部高校社科中心组编，新华出版社 2016 年 10 月版，标题为《大学人文艺术素养教育尚需深广开掘》。

论现代大学的文化特征及本质

当前,我国正处于加快推进社会主义现代化、建设创新型国家、全面建设和谐社会的新阶段,高等教育面临着前所未有的机遇和挑战。大学文化作为我国先进文化的重要组成部分,是大学的核心竞争力和软实力,是促进社会全面、协调和可持续发展的重要保证。进一步深化对大学文化理论与实践的认识,形成理论成果并用以指导高校的文化建设工作,有利于提高高等教育的综合实力、办学质量与水平,培养更多高素质创新型人才,最大限度地发挥高校在构建社会主义和谐社会进程中的示范和引领作用。

一、现代大学的文化特征

马克思主义认为,文化是对社会存在的反映,是经济和政治的产物,社会意识形态要素构成文化的重要内容,反映一定的利益诉求。"一定的文化(当作观念形态的文化)是一定社会的政治和经济的反映,又给予伟大影响和作用于一定社会的政治和经济。"[①]因此,文化作为人类的精神活动及其产品,深刻地反映着人们认识世界和改造世界的能力,同时又反映着不同主体的利益和要求。文化本身是一个十分丰富、复杂的系统,这个系统由许多相互联系、相互渗透、相互制约的要素构成,主要包括精

---

① 毛泽东:毛泽东选集(第二卷). 北京:人民出版社,1991,第663页

神信仰、知识情感、伦理道德、制度组织、规范体系、语言符号等。文化主体的社会存在方式和主体所处的内外环境,是文化形成和发展的土壤。大学作为人类文化发展到一定历史阶段的产物,它的发展不能离开自身所处的经济、政治和文化等社会环境而独立存在,也不能离开大学自身矛盾关系的相互作用。"大学是研究和传授科学的殿堂,是教育新人成长的世界,是个体之间富有生命的交往,是学术勃发的世界。"①由于现代大学特有的以知识生产、传承、发展为核心的存在方式,决定了现代大学的文化特征本质。高等教育作为大学的本质活动,教育活动的本质和特征、知识的本质与特点以及围绕教育活动的社会环境,决定了现代大学具有知识性、公共性、专业性、道德性和创新性等文化特征。

1. 知识性。大学的知识性既是由"大学人"的文化特征所决定的,也是由大学教育活动的本质所决定的。教师和取得大学人资格的学生相对于构成其他社会组织的主体,总体上知识特征十分突出,大学是知识分子的积聚地。教育活动的根本目标在于人才培养,而人才培养是以知识为载体的,离开了知识就谈不上教育,知识及其学科是大学存在的组织基础。知识以语言等符号形式存在,是文化的重要载体。大学处于知识传播的高端,高级的、复杂的、专门的知识一般都通过大学这样组织化的、系统化的专门机构来进行。人类知识只有发展为系统并形成学科以后,大学才开始出现,正是在此意义上讲,大学是人类文化发展到一定历史阶段的产物。大学的发展过程,始终伴随知识的生产、传播和发展过程,有着明显的知识性特征。

2. 公共性。大学的公共性是由大学的社会地位决定的。随着现代大学的发展,大学的责任从知识领域逐渐扩展到了社会领域,大学正日趋成为地区、国家乃至全球问题的自觉参与者和积极组织者,成为社会变革的引领力量。在知识经济端倪初现的今天,当知识成为社会整体素质提升的重要要素后,社会发展的内在动力决定了大学的公共性,这种公共性

---

① 亚斯贝尔斯:什么是教育. 邹进译. 北京:生活·读书·新知三联书店,1991,第150页

随着知识传播方式的发展体现得更为显著。由于社会经济发展程度和教育制度的差异,各国政府对大学的参与模式仍有所不同,在大部分国家,公立大学占据了大学的主体,国家通过多种形式资助大学,为国民提供高等教育服务,高等教育服务的公共产品属性已得到公认,在此意义上讲,大学的公共性特征,是伴随着教育日益成为人的全面自由、社会整体素质提升的重要因素的社会共识而形成的。

3. 专业性。大学的专业性首先是由大学的存在组织基础决定的。学科(专业)是大学存在的组织基础,人类的知识起源并不是系统的、成体系的,而只是零散的、粗浅的,经过了一代又一代"知识分子"积累、总结和发展,并根据知识对象不同,形成了不同的知识门类即学科(专业)。大学是人类知识发展到一定阶段的产物,大学在知识的传授、生产过程中体现出一种超越普通直接经验的、需经过特定知识训练方能掌握的技能。其次,大学的专业性是由教师知识结构的专业性决定的,教师在"术业"方面的"专攻"集中体现了大学的专业性。

4. 道德性。大学的道德性是由大学的理想决定的。现代大学的理想,经历了古典的"崇尚人文,注重理性"到现代的"着眼未来,引领社会"的发展,其关注人的自由发展,关注社会的全面发展的核心理想一直没有变化。知识和价值一直是大学教育的主要内容。大学的道德性,一方面体现为知识传承、发展过程本身的"道德性",另一方面体现为其对人、对社会终极发展目标关注的道德性。

5. 创新性。大学的创新性是由大学文化的属性决定的。大学文化是大学活动的历史产物,创造性和继承性是文化的基本属性,创造—继承复合关系的交互作用形成了大学文化。首先,相对于一般的社会组织,构成组织主体的大学人具有在文化势能上的比较优势,即在对人类既有知识的继承、掌握上,大学人具有创新的认识基础;其次,相对于一般的组织文化,大学文化的批判精神和学术自由的研究传统为创新提供了内在动力;再次,由于全社会日益认识到高等教育对人类社会发展和国家竞争力提升的决定性意义,政府和社会各界正逐渐加大对大学的财政和其他社会资助、支持,不断助力大学向着更高、更深的客观真理新高峰迈进,这些资助和支持为创新提供了物质保障。

二、大学文化概念的界定

当前,高等教育日益处于社会的中心地位,人们对大学在政治、经济等领域发挥作用的迫切关注,致使学术界对大学这种人类文化发展到一定阶段的必然产物的文化基本功能产生了忽视,甚至产生认识理解上的偏离。在关于大学文化的研究中,人们对大学文化概念的阐述众说不一,先后出现了"亚文化说""综合文化说""文化氛围说""精神环境说"等主要观点。譬如,有的学者认为大学文化是从属于社会主导文化的亚文化,同时又具有学校文化综合性、教化性的鲜明特征,是围绕大学教育教学活动建立起来的一整套价值观念、行为方式、语言习惯、制度体系、知识符号、建筑风格的集合体;有的学者认为,大学文化是一种针对大学特殊群体而言的区域文化,它有着对社会文化反复选择、加以吸收并融入自己大学意志和个性的文化结构;有的学者认为,大学文化是由一个特殊的社会群体"大学人"在对知识进行传承、整理、交流和创新的过程中,形成的一种与大众文化或其他社会文化既相联系、又相区别的文化系统;有的学者认为,大学文化是以大学为载体,通过历届师生的传承和创造,为大学所积累的物质成果和精神成果的总和;有的学者认为,大学文化是整个社会文化的主要组成部分之一,是指在大学历史发展过程中形成的,人们在价值取向、思维方式和行为规范上有别于其他社会群体的一种团体意识和精神氛围;有的学者认为,大学文化是以知识和学科设置为基础的、独特的组织文化。

以上关于大学文化概念的界定,有的是从文化学的角度总结梳理,有的是从大学的基本属性或基本职能来理解,有的则从分类学的角度进行考察。从以上这些定义中可以看出,大学文化是一种具有系统性和过程性特征的组织文化,这些定义虽然不尽相同、各有侧重,但它们并不矛盾,它们都从各自的视角,不同程度地阐述了大学文化的内涵与外延,从其研究的特定角度看,都有着独到的研究价值。总结当前大学文化研究存在的问题和不足,主要体现在两个方面:从研究视角来看,在肯定已有的研究视角都具有不可取代的特殊价值和合理性的同时,必须意识到这些视角还具有不完备性,在某些视角特别是在哲学视角上对大学文化的研究,还存在薄弱环节;从研究内容来看,对大学及其文化本质的揭示,还存在着理论概括性不够、定义过宽或过窄的问题,在对大学文化进行分类的问题上,存在着分类不完备与分类的角度和标准不明确等问题,在对大学文化的使命与功能等问题的研究方面,也存在着较大的局限性。

大学文化研究不仅仅是一个抽象的、理论的思辨过程,也是一个不断探索和实践的过程,更是一个包含理论与实践等诸多复杂的多元建构过程。从世界上第一批大学诞生到今天社会步入知识经济时代,现代大学这一特殊的组织越来越受到人们的瞩目,根本原因就是大学在承担人才培养、知识创新与传播等历史使命的过程中,日益彰显着其独特的文化功能,文化性、学术性、创新性是现代大学的本质属性,文化的传承与创新是大学的基本职责之一。大学的教育教学过程,实质上是一个有目的、有计划的文化过程,大学文化是一种具有校园特色的精神氛围和发展环境的综合体现。

本文在吸收和参考当前关于大学文化研究成果的基础上,从马克思主义哲学视野出发去研究考察大学文化概念的界定及内涵,将大学文化的概念界定为:大学文化是大学作为社会创新型组织的本质属性,是人类进步发展的内在要求,是大学人特有的活动和存在方式。在当代中国,大学文化是先进文化的重要组成部分,是高校在长期办学过程中形成的历史积淀、创新品格和价值取向,既包含和反映着历届师生对大学本身的总体认知、理想追求和实践探索,又是凝聚师生的精神纽带。它以潜移默化的方式影响师生的思想和行为,集中体现特色鲜明的大学物质精神成果和综合环境氛围,在传承与再造中不断实现自我超越,贯穿并渗透于大学发展的各个方面。

三、大学文化的本质及一般结构

大学文化在本质上主要包括四个方面:一是大学是一种特殊而不可替代的创新型组织,大学文化是其本质属性;二是大学文化是社会不断进步和人的全面发展过程中的内在要求和必然结果;三是大学文化处于社会文化发展的前沿,其核心是大学精神的传承与再造;四是大学文化的主体是大学人,大学文化作为一种客观存在,影响和贯穿于大学发展的各个方面。

大学文化的内涵结构主要包括精神、制度、物质和行为四个维度,即大学文化的结构应是一个由精神文化、制度文化、物质文化和行为文化四个层面综合而成的复杂系统。在大学文化中,精神文化、制度文化、物质文化和行为文化四个维度之间不是相互独立和毫无关联的,相反,四者不可分割、相辅相成。大学文化的一般结构如下图所示。

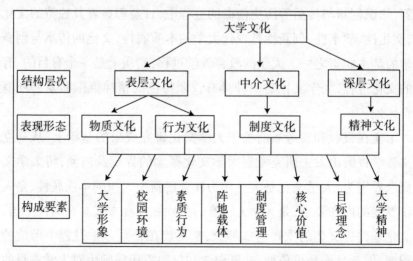

其中,大学精神文化是大学文化的内核和最高表现形式,处于深层文化的维度,是大学在长期的发展过程中形成的独特气质和价值规范体系,具体表现为大学在办学过程中所尊崇的办学理念和大学人共同的价值追求等,具有凝聚、激励、导向和保障的作用;大学制度文化是大学在办学和

发展过程中一系列权利、义务及责任的综合,是大学存在与发展的规范、规则,同时也表现为大学在长期的发展和实践中形成的观念、习惯等等,它一方面约束着大学的办学行为,同时又为大学的生存发展提供制度保障,属于中介文化的维度;大学物质文化处于表层文化的维度,是大学和大学精神文化存在的物质基础,是大学文化的物质形态和综合实力的重要标志,其存在形式包括学科专业、师资队伍、校园环境、建筑布局、人文景观、教学设施与手段、各种办学条件等有形事物,不仅是大学历代师生长期建设的物质成果,同时也是师生劳动、智慧的收获与物化;大学行为文化是大学师生员工在教育教学、科研研究、学术交流、学习生活、文化活动中所表现出的精神状态、行为操守和文化品位,它主要包括教师、管理服务人员、学生三类大学人的行为,反映的是与社会大众群体行为文化相区别的特殊文化魅力,是大学人作风、精神状态和人际关系的动态折射,也是大学精神、办学理念、价值观的生动体现,处于表层文化的维度。

马克思说:"历史不过是追求着自己目的的人的活动而已。"①对于以大学人为主体的现代大学而言,大学人自身全面而自由的发展与大学历史文化的发展是有机统一、密不可分的,大学文化深刻地反映着大学的历史、现实和未来,以及作为主观的大学人的精神轨迹与作为客观的大学组织的发展轨迹。在这个意义上,大学文化作为大学的本质属性,是大学这种特殊组织之于社会创新发展的一种本能。切实担负大学文化建设的历史使命,是当前中国高等教育面临的刻不容缓的现实问题。

原载《学术界》2008 年第 3 期

---

① 中共中央编译局:马克思恩格斯全集(第 2 卷). 北京:人民出版社,1999,第 119 页

大学文化的哲学视角及本质内涵

从马克思主义哲学视野出发,从新的角度去研究考察大学文化概念界定及内涵,将使大学文化的研究更具现代意义。哲学视角或哲学反思作为本课题的基本研究思路之一,主要就是不能满足于提出或接受一种说法、一种看法、一种主张、一种做法或一种问题,而要对这些说法、看法、主张、做法、问题本身加以考察、追究。在吸收和参考当前关于大学文化研究成果的基础上,从哲学的视角思考大学文化的理论问题,这一方面有助于人们正视哲学视角在研究大学文化这一历史与现实问题中的重要性;另一方面,由于哲学视角具有彻底的反思批判性和超越性,将使人们在研究大学文化的过程中拓宽思路、开阔眼界,对大学文化有关理论问题的理解与认识更加深入和全面。

因此,结合中国大学发展的特殊性和文化个性,笔者将大学文化概念界定为:大学文化是大学作为社会创新型组织的本质属性,是人类进步发展的内在要求,是大学人特有的活动和存在方式。在当代中国,大学文化是先进文化的重要组成部分,是高校在长期办学过程中形成的历史积淀、创新品格和价值取向,既包含和反映着历届师生对大学本身的总体认知、理想追求和实践探索,又是凝聚师生的精神纽带。它以潜移默化的方式影响师生的思想和行为,集中体现特色鲜明的大学物质精神成果和综合环境氛围,在传承与再造中不断实现自我超越,贯穿并渗透于大学发展的各个方面。大学文化对先进文化的建设起着引领与示范作用,对社会文化起着引领、示范和辐射作用。

大学文化深刻地反映着大学的历史、现实和未来,以及作为主观的大学人的精神轨迹与作为客观的大学组织的发展轨迹。大学文化的内涵结构应主要包括精神、制度、物质和行为四个维度,大学文化的结构应是一个由精神文化、制度文化、物质文化和行为文化四个层面综合而成的复杂系统。在大学文化中,精神文化、制度文化、物质文化和行为文化四个维度之间不是相互独立和毫无关联的,相反,四者不可分割、相辅相成。

基于上述哲学视角的界定,大学文化的本质内涵主要包括以下几个方面。

第一,大学是一种特殊而不可替代的创新型组织,大学文化是其本质属性。回眸 12 世纪中叶,世界上第一批大学于欧洲诞生,到今天社会步入了知识经济时代,大学这一特殊的组织越来越受到人们的瞩目,其根本原因就是大学在承担人才培养、知识创新与传播等历史使命的过程中,日益充分地发挥着其独特的文化功能,即大学在社会发展进步中的传承、研究、融合、创新的功能。在近千年的时间里,知识及其学科专业催生着科学技术的发展,同时也是大学自身存在、发展和不断创新、实现超越的文化基础。当代科学技术飞速进步,推动了经济社会的跨越发展,在改善了人们生活质量的同时,也增强了人们对知识创新的强烈愿望。在这样的背景下,人们一方面不会否认大学在其自身发展轨迹中的教育性、阶级性、产业性甚至行政性的作用,另一方面基于学术传承、研究、融合、创新的大学的文化性,也更加受到人们的重视。一定程度上,大学是社会进步的"思想库",是创新理念的发源地,是引领社会的风向标,而这一切,正是源于大学的本质属性——文化性。从大学文化的本质属性来看大学的发展,大学应该坚持学术自由与社会责任的统一、适应需求和引导变革的统一、文化传承和知识创新的统一,才能始终保持其永恒的文化品格,成为社会创新型组织的中坚。

第二,大学文化是社会不断进步和人的全面发展过程中的内在要求和必然结果。从人类发展的视角看,文化代表着人对自然的认识和改造能力与水平,大学文化更是这种能力与水平的集中体现。自然是人和社会存在的物质基础和条件,人与社会的存在和发展依赖于自然界,而人类又以劳动这一人的本质为中介,创造性地影响和改变着自然界。马克思指出:"劳动首先是人和自然之间的过程,是人以自身的活动来引起的、调整和控制人和自然之间的物质变换的过程"。相对于人类社会此前的历史而言,马克思所指的劳动是创造性的劳动,是一个认识和改造自然的创新过程。尤其是当大学出现以来,人在自身的全面发展过程中,对知识的不断传承、研究、融合、创新,使得人与自然之间的关系得以深切变换、维持和延续,也使得人的创新属性与社会发展的关系更加紧密。那么,在大学的组织结构和传播体系中,大学文化所代表的就不仅仅局限于学术创新与人才培养本身,它其实更是社会现实需要的力量不断增强、人的自我发展需求越来越高涨的内在体现,也是大学发展的内在逻辑与必然结果。

第三,大学文化处于社会文化发展的前沿,其核心是大学精神的传承与再造。大学文化是一个历史范畴,具有鲜明的时代特征和个性。从大学诞生至今,伴随着时代的不断变迁,大学自身也在继承和变化中发展,这体现在观念、目标、制度、功能等许多方面,其中,大学精神作为贯穿其中的主线,深深根植于大学这种创新型组织的内核,是大学人始终追求的目标,它使得大学文化始终处于当下社会文化发展的前沿,使得沉淀于大学校园的精神和文化得以传承,使得大学在社会不断变迁的过程中,仍然能够维系对自身的认同,推动着大学不断调整和改变。在这个意义上,大学精神是区别于其他社会组织所特有的相对稳定的群体心理定式和精神状态,是维系大学组织特性、信念追求的重要方式,它体现着大学人的理想,代表着大学自身的价值、观念和立场,承担着大学自我认同的重任,在引领大学发展的同时,实现自身的传承与再造。

第四,大学文化的主体是大学人,大学文化作为一种客观存在,影响和贯穿于大学发展的各个方面。大学文化的承载主体是大学人,它是凝聚大学人的精神纽带,体现的是大学人的思维习惯、行为方式以及对大学的认同感。不同时期大学文化的发展各有不同,但大学文化中始终蕴含的对大学未来的指向、自由的学术和批判精神、彰显大学人气质和独特精神的价值观,却始终是大学文化的精髓和灵魂。大学一旦产生,大学及其文化就成为一种客观存在,不会因为人的主观意志消失或转移。大学文化使社会中的优秀个体与群体真正统一起来,在传承文明的过程中,大学文化就是大学人特有的存在和活动方式,它使人类的文化再生产成为最具活力、创造力和生命力的部分。这是大学本身的结构与职责所决定的,也是大学的社会使命理应担负的。从人才培养的视角看,大学的育人过程实质就是文化育人,是使人实现从拥有技术到具备能力的转变、从获取知识到养成文化的转变。从大学发展的视角看,大学文化在社会进步中的教育力、凝聚力、创造力和引领力,以潜移默化的方式影响着大学人的思想和行为,同时也影响和贯穿于大学发展的各个方面。

原载《光明日报》2008 年 3 月 26 日

论文化的构成及分类

中国是一个有着五千年文明的文化大国,文化这个具有高度凝聚力的民族符号,以及它具有的统一性与多元性的构成特点,正在成为国家建设和社会发展的"软实力"。文化本身是一个十分丰富、复杂的系统,由许多相互联系、相互渗透、相互制约的要素构成。作为人类的精神活动及其产品,文化包括作为观念形态的文化和作为科学技术的文化,都会对社会的发展及走向产生深远的影响。任何社会都是一个有机整体,包含经济、政治、文化三大领域,这三者相对独立,又相互依赖和相互作用,共同推动社会发展。一方面,经济对政治、文化起着决定作用;另一方面,在文化及其建设同政治、经济保持一致的前提下,文化对经济社会发展有着巨大的能动作用。

一、构成文化的基本要素

在文化的结构中,究竟包含哪些基本要素,学术界迄今还没有统一的看法,学者们也都曾提出一些富有见地的观点。事实上,文化作为一种连续的、客观的存在,各个文化要素之间总是相互融会贯通、相互关联的,因此,我们既要对文化的各个构成要素有比较清晰的了解,又要善于把握文化的综合性和整体性。一般而言,构成文化的基本要素主要有:精神信仰、知识情感、伦理道德、制度组织、规范体系、语言符号等。

1. 精神信仰。在文化结构中,精神信仰占据着核心的位置,它主要指一个群体的世界观、价值观,与其他文化要素构成了复杂的互动关系。它是文化要素中最有活力的部分,是人类创造活动的动力,对人的社会心理起着重要的调节和支配作用。没有精神信仰,人类便无法与动物相区别。从文化变迁的角度看,特定的精神信仰往往就是一种特定的文化属性的标志。其中,价值观念是一个社会的成员评价行为和事物以及从各种可能的目标中选择目标的标准,这个标准存在于人的内心,并通过态度和行为表现出来,它决定人们赞赏什么,追求什么,选择什么样的生活目标和生活方式。同时,价值观念还体现在人类创造的一切物质和非物质产品之中,产品的种类、用途和式样,都深刻地反映着创造者的价值观念。

2. 知识情感。文化结构中的知识情感要素,包括知识和情感两个互为关联的文化层面。在现代社会中,知识和情感都是人的全面发展的重要方面,认识事物、追求真理,这是人性的需要;而人的情感需要是多方面的,中国传统哲学就强调道德情感与审美情感的满足,要求过一种道德和艺术的生活。从文化自身的角度考察,知识和情感是紧密关联、互为因果的一组要素,知识论、认识论是有关真理的问题,情感是有关价值的问题。认识论是关于世界"是什么"的问题,情感是我"需要什么"或"应当如何"的问题。作为表层的知识总是率先更新,并传递到更深层、更稳定的情感要素,从而使人们对自然和生活产生感性的价值判断与反映,通过文学艺术等符号形式,对人的心理产生抚慰和激励功能。可以说,知识是文化结构中的外围和表层,而情感则作为一种与知识不可分离的中介和结果,是人类文化生活中的重要问题,它不单单是求得认识上的满足,也是求得情感上的满足与心理上的审美和愉悦。

3. 伦理道德。"没有规矩不成方圆",伦理道德作为文化结构中的一个要素,实质是指其作为一个群体的行为规范,进而约束和协调人与人、人与群体之间的各种关系。在社会生活中的每一个人,既有自我的要求,又受社会的政治、法律、伦理的支配和约束。为了使人真正成为人,社会成为真正的理性社会,就必须有道德的自觉规范。作为社会调控体系的重要手段,伦理道德与法律规定共同构成人们的行为规范内容。从本质而言,伦理是关于人性、人伦关系及结构等问题的基本原则的概括,伦理范畴侧重于反映人伦关系以及维持人伦关系所必须遵循的规则,道德范畴侧重于反映道德活动或道德活动主体自身行为的应当,伦理是客观法和他律的,道德是主观法和自律的。在文化结构中,伦理道德要素有着十分具体明确的指向和内涵,具有重要的现实功能。

4. 制度组织。一定意义上,社会关系是上述各文化要素产生的基础,也是各种制度变迁的基础。作为文化要素的制度组织,发挥着整合、平衡和引导文化发展的功能,同时又是社会关系的文化反映和具体体现。制度组织要素是动态的、发展的,制度的演进过程充满了不确定性,但从变迁方式看,作为一种集体行动,制度变迁是制度观念与制度实践、理性建构与自然演进对立统一的过程。作为社会关系表现形式的制度组织既是文化的一部分,又是创造文化的基础。社会关系的确定,要有制度和组织的保障。社会组织是实现社会关系的实体,一个社会要建立诸多社会组织来保证各种社会关系的实现和运行,如家庭、工厂、公司、学校、政府、军队等,都是保证各种社会关系运行的实体。因此,社会制度和组织紧密相连,成为文化的一个重要组成部分。

5. 规范体系。这是具有鲜明外显特征的文化构成要素,是一个社会或群体的具体化、直观性文化表征。规范是人们行为的准则,有约定俗成的如风俗等,也有明文规定的如法律条文、群体组织的规章制度等。各种规范之间互相联系,互相渗透,互为补充,共同调整着人们的各种社会关系。规范规定了人们活动的方向、方法和式样,规定语言和符号使用的对象及方法。规范是人类为了满足需要而设立或自然形成的,是价值观念的具体化。

6. 语言符号。在人类的文化交往活动中,具有表意性的语言和符号都起着沟通的作用。同时,语言和符号是文化积淀和贮存的手段,人类只有借助语言和符号才能沟通,只有沟通和互动才能创造文化,而文化的各个方面也只有通过语言和符号才能反映和传授。能够使用语言和符号从事生产和社会活动,创造出丰富多彩的文化,是人类特有的属性。

二、文化的分类

关于文化的分类,笔者认为任何分类的实质都必然离不开定义与视角,都是对从某角度确定的整体的一种分割,这个整体是确定性和灵活性的对立统一。因此,对文化的分类是个具有现实性的难题,由于它本身的复杂性,决定了它的分类不可能有唯一的标准。但是,着眼于分析和考察当下中国社会的文化发展状况,采取"四分法",即将文化分为精神文化、物质文化、制度文化、行为文化,不失为一种与现实比较贴近的学术视角。

1. 精神文化。精神文化是文化的核心层,是人类在认识和改造自然的过程中积淀形成的价值观念、思维方式、审美情趣、道德情操等,它强调人类文化生活的精神、伦理和道德内涵,表现了人类对精神世界和生活伦理的重新发现。不同于物质文化和技术文化,精神文化着重将文化与人的生命意识结合起来,使文化作为一种精神状态与资源所具有的内在性质得到揭示。正是在这个意义上,文化对人的精神生命具有不可或缺的意义,文化只有与精神相结合,即只有用"精神文化"这一概念才能真正表达文化的生命本质。一般而言,精神文化可分为社会心理和社会意识形态两个层面,前者是人们的日常思想面貌和精神状态,如人的愿望、情绪等,后者是对社会心理进行系统加工、发掘、梳理之后的社会意识,以艺术化、物质化的形态在社会中广为传播。文化概念的不断精神化,始于哲学家们不断用人性的视野看待文化问题,从而逐渐推论出文化的生命本质,并将精神文化视为人的一种内在生活形式。对于一个国家和民族,精神文化的一个重要特征就是它的稳固性和巨大惯性,这种融会各种价值观、审美观和生存定势于国家民族群体的本能与意识之中的文化,是这个国家民族区别于其他的本质规定性和重要尺度,也是这个国家民族生命力、凝聚力与精神的集中体现。

2. 制度文化。制度因现实的需要产生和发展,制度文化的发展基本上是与人类社会自身的文明进程特别是政治文明进程相伴相随的。制度作为人类社会实践和行为的结果,是一系列被制定出来的规则、守法程序和行为的道德伦理规范,是以宪法、法律、法规为基本内容的正式规则和以习俗、习惯、传统等形式存在的非正式规则交错构成的一整套规则体系及其实现机制,是不同的社会群体为了存续和利益分配而在相互作用的过程中,通过复杂的方式共同选择、共同安排且必须共同遵守的关于人们社会行为的规则体系。在这个意义上,制度实际上是对社会系统的规范,以使社会系统保持一定的功能和稳定状态。因此,制度文化具有较强的稳定性,它属于文化的中层结构,与一定社会的经济基础和上层建筑的发展变化相适应。

3. 物质文化。物质文化是人类的物质生产活动及其成果的总和,是可感知的、具有物质形态的文化事物或产品,它构成了人类社会生产实践所创造的物质基础。包括人们在改造世界过程中积累的科学技术知识、发明的各种工具信息程式、创造的生存环境条件等,都是基于满足人的日益增长的生活需要的物质文化成果,反映了人对世界的认识和改造程度、人与自然的相互依赖与冲突,也反映了生产力的发展水平。物质文化属于文化的表层结构,是文化中最直观、最外显、最基础的一种存在形态。

4. 行为文化。行为文化是人类在社会交往和社会实践中的习惯定势、行为方式等所构成的文化层,属于文化的表层结构。行为文化具有鲜明的组织、地域或民族特色,常常以具体的集体或个人行为、民风民俗、风尚活动等形式出现,是一种动态的文化识别与交往体现。一般而言,行为文化会更为直观地反映着文化承担者的价值追求、思维方式、审美情趣和伦理道德,直接关系到文化的深层及内涵发展。

原载《军工文化》2008 年第 3 期

大学文化的四个层次

从高等教育的历史视角来看,大学这一特殊的组织是一个功能独特的文化组织,文化的传承与创新是大学的基本职责。在本质上,大学文化深刻地反映着大学的历史、现实和未来以及作为主观的大学人的精神轨迹与作为客观的大学组织的发展轨迹。

在当代中国,大学文化是先进文化的重要组成部分,是高校在长期办学过程中形成的历史积淀、创新品格和价值取向,既包含和反映着历届师生对大学本身的总体认知、理想追求和实践探索,又是凝聚师生的精神纽带。它以潜移默化的方式影响师生的思想和行为。

笔者认为,大学文化的内涵结构应主要包括精神、制度、物质和行为四个维度,即大学文化的结构应是一个由精神文化、制度文化、物质文化和行为文化四个层面综合而成的复杂系统。

大学的精神文化

大学精神文化是大学文化的内核和最高表现形式,是大学在长期的发展过程中形成的独特气质和价值规范体系,具体表现为大学在办学过程中所尊崇的办学理念和大学人共同的价值追求等,具有凝聚、激励、导向和保障的作用。在大学文化的结构层次中,大学精神文化处于深层文化的维度。

从本质上讲,大学精神作为大学发展中形成的精神文明成果,具有崇

尚人文、继承创新、自由独立、追求真知等基本内涵。它是高等教育理念
与使命的高度概括、集中凝练和显著标志。大学理念主要关注大学的功
能定位、人才培养、科学研究、社会服务诸方面的内在规律及其关系等涉
及办学思想的基本问题。中外著名大学的办学理念,表述虽然各有侧重,
但都围绕着严谨、科学、求实、创新的精神和追求卓越的态度,体现了一所
大学的办学传统、价值取向与大学人的精神尺度。讨论大学精神文化问
题,离不开大学师生这个主体。譬如,校风、学风作为大学精神的外在表
现,对每一个大学人道德品格的形成、事业学业的发展都有着十分深刻的
影响。

大学的制度文化

大学制度文化是大学在办学和发展过程中一系列权利、义务及责任
的综合,是大学存在与发展的规范、规则,同时也表现为大学在长期的发
展和实践中形成的观念、习惯,等等。它一方面约束着大学的办学行为,
同时又为大学的生存发展提供制度保障。在大学文化的结构层次中,大
学制度文化属于中介文化的维度。

从高等教育制度建设的角度看,我国的大学正在按照"依法治国"方
略的要求,全面推动依法治教的进程。目前看来,我国已经建构成了比较
完善的现代大学制度。

从文化的视角看,大学的制度建设具有连续性、文化性。大学治理从
表面上看是重在制度本身,但其本质是大学制度的灵魂,即大学制度的文
化属性。大学制度不同于一般的社会组织制度,它是一种文化积淀。一
定意义上,大学的制度是大学精神文化的延伸和具体化,包括大学章程、
发展战略、领导体制、组织机制以及关于教学、科研、服务等各种管理规章
制度、行为规范。

大学的物质文化

大学物质文化是大学和大学精神文化存在的物质基础,是大学文化

的物质形态和综合实力的重要标志。

大学物质文化的内涵十分丰富,其存在形式如学科专业、师资队伍、校园环境、人文景观、教学设施、办学条件等有形事物,不仅是大学历代师生长期建设的物质成果,同时也是师生劳动、智慧的收获与物化。在大学文化的结构层次中,大学物质文化处于表层文化的维度。

大学物质文化直观地反映着大学历史、传统、特色和价值。建设大学物质文化的关键是使校园的每一处物质形态都能充分地体现其特有的大学文化信息,赋予物质形态以文化的韵味,形成特色浓郁的大学文化氛围。具体来说,大学物质文化建设重点应该在以下五个方面。一是着力建设结构合理、高水平的学科体系和专业结构。二是着力建设特色鲜明、富有成效的教育教学体系。三是着力建设一支学风优良、富有创新精神和竞争力的高素质师资队伍,培养一批具有国际国内领先水平的学科带头人,造就一批占领学科学术前沿的中青年骨干教师。四是着力建设科研创新平台。五是着力建设良好的办学条件,包括教室、实验室、图书馆、网络、仪器设备、文化体育活动硬件设施。

大学物质文化的建设使大学文化不断充实,将有力地推动大学核心竞争力的提高。重视和加强大学的物质文化建设,既是大学可持续发展的必由之路,也是加强大学文化建设的重要途径。

大学的行为文化

大学行为文化是大学师生员工在教育教学、科学研究、学术交流、学习生活、文化活动中所表现出的精神状态、行为操守和文化品位。它主要包括教师、管理服务人员、学生三类大学人的行为,反映的是与社会大众群体行为文化相区别的特殊文化魅力,是大学人作风、精神状态和人际关系的动态折射,也是大学精神、办学理念、价值观的具体体现。在大学文化的结构层次中,大学行为文化处于表层文化的维度。

大学行为文化作为大学文化的一个重要方面,是一所大学历史文化传统与积淀在当下阶段的显现。

　　大学行为文化的核心应该是"学"和"行"。"学"包括教师的学识、学生的学风,也包括大学教学科研行为中的学术规范和学术创新。"行"不仅仅是大学人日常学习、工作、生活中的交流、交往和待人接物,更重要的是价值观影响下的行为方式。大学是社会的理想型创新型组织,理应产生思想和学问,成为最文明、最具理性、制度最为完善的机构,并为社会提供的行为示范模式。

　　大学作为一种与社会政治、经济机构鼎足而立的功能独特的文化机构,承担着重大的社会责任,应当具有一种超凡脱俗的独立品格和价值追求。大学行为文化中的"学"与"行",就有着特殊的意味。

　　这两个方面既是对大学师生提出的要求,也揭示了大学的独特性和在现代社会中的价值,体现了大学的办学理想与目标追求。

　　大学行为文化从一个侧面,可以折射出大学应承担的社会使命。一定程度上,大学应该是一种训练和培养人的智慧的机构。正如 2007年 4 月 18 日加州大学伯克利分校校长柏敬诺在清华大学演讲时所说,公立大学的核心使命是满足公共信托,为这一代和下一代人提供最好的教育机会,培养来自不同社会阶层的学生的能力,为提高全人类的生活水平创造全球化的知识。他说:"我们有共同的使命:教育最聪明的学生,并通过研究、学识和创新为国家乃至世界的不断发展和改良做出贡献。"

　　在大学文化中,精神文化、制度文化、物质文化和行为文化四个维度之间不是相互独立和毫无关联的,相反,四者不可分割、相辅相成。

　　综上所述,大学文化是一种特殊的组织文化,是一个丰富的、系统的体系,这个体系是由许多相互联系、相互渗透、相互制约的要素构成的。如果从系统论的观点来看,大学文化的结构可以分为表层文化、中介文化和深层文化三个层次。一般而言,大学文化的构成要素主要可以概括为大学精神、目标理念、核心价值、素质行为、制度管理、阵地建设、校园环境和大学形象等,其表现形态包括精神文化、制度文化、物质文化和行为文化四种文化形态。其中,大学精神文化是灵魂与核心,大学物质文化是载体与基础,大学制度文化是条件与保障,大学行为文化是过程与推动,四者在交融互动中共同促进大学文化形成丰富深刻的内涵、创新进取的品质。

原载《中国教育报》2007 年 11 月 13 日

大学文化的基本特征及建设原则

党的十七大从中国特色社会主义"四位一体"的总体战略布局出发，明确提出"文化软实力"的概念，并把提高国家文化软实力作为我国文化建设的基本目标，把"激发全民族文化创造活力，提高国家文化软实力"作为重要的文化发展战略，提出要紧紧抓住社会主义核心价值体系这个根本，增强社会主义意识形态的凝聚力和文化发展活力。十七大关于文化建设的新论断、新要求，对于我们建设有中国特色的大学文化，具有十分重要的意义。

从世界上第一批大学诞生到今天社会步入知识经济时代，现代大学这一特殊的组织越来越受到人们的瞩目，根本原因就是大学在承担人才培养、知识创新与传播等历史使命的过程中，日益彰显着其独特的文化功能，文化性、学术性、创新性是现代大学的本质属性，文化的传承与创新是大学的基本职责之一。加强大学文化建设，是人的全面发展和社会不断进步的现实需求，是大学发展的内在逻辑和必然要求，同时也是高等教育在拓展办学规模的基础上向全面提高办学质量转变的有效途径，是实施文化育人战略、为国家培养更多高素质创新型人才的重要举措。

当代中国大学文化的基本特征

大学文化是大学作为社会创新型组织的本质属性，是大学人特有的活动和存在方式。在我国，大学文化是先进文化的重要组成部分，是高校在长期办学过程中形成的历史积淀、创新品格和价值取向，既包含和反映着历届师生对大学本身的总体认知、理想追求和实践探索，又是凝聚师生的精神纽带。它以潜移默化的方式影响师生的思想和行为，集中体现特色鲜明的大学物质精神成果和综合环境氛围，在传承与再造中不断实现自我超越，贯穿并渗透于大学发展的各个方面。当代中国大学文化具有社会主义先进文化的本质属性，是以社会主义核心价值体系为取向、具有鲜明特点的文化。其基本特征可以概括为以下几个方面。

第一，社会主义性质的先进文化是大学文化的本质属性。

大学文化的属性，从根本上说，应该与我们所处的时代相适应，与我国的社会主义意识形态和文化大背景相一致。立足于中国的现实，中国特色社会主义先进文化是以马克思列宁主义、毛泽东思想、邓小平理论、"三个代表"重要思想、科学发展观为指导，反映我国社会主义性质和特征的文化形态。大学文化作为我国先进文化的一部分，只有坚持先进文化的正确方向，并以社会主义先进文化内涵为理论基础，才能为大学的改革和发展、为和谐校园建设营造良好的精神、物质环境，才能为高等教育实现培养高素质人才、创造高水平成果、更好地服务社会这三大目标提供文化底蕴和精神支撑。

第二，社会主义核心价值体系是大学文化的价值取向。

大学文化是一所大学的灵魂，大学的文化精神从本质上深刻地反映了一种价值信念体系。大学文化坚持以先进文化为根本方向，就必须坚持把正确的政治导向放在首位，以社会主义核心价值体系作为根本价值取向。"社会主义核心价值体系"是党的十六届六中全会首次明确提出的一个科学命题，多方面全面系统地规范了社会主义先进文化建设的方向、实质及内涵，是社会主义先进文化的根本，也是推进大学文化建设的核心所在。党的十七大进一步明确提出"社会主义核心价值体系"是文化建设的根本。在大学文化建设过程中坚持以社会主义核心价值体系为价值取向和指导，重点就是要引导师生员工树立正确的世界观、人生观、价值观和社会主义荣辱观,在高校中牢固树立中国特色社会主义共同理想,弘扬和培育以爱国主义为核心的民族精神和以改革创新为核心的时代精神,在办学实践中充分体现大学人这一特殊社会群体的精神风貌、道德品格和社会责任。

第三,培养高素质创新型人才是大学文化的目标定位。

当代大学的一个重大历史使命,就是要成为培育和造就适应未来发展的高素质创新型人才的"孵化器"。在谈到文化建设的方向时,胡锦涛总书记曾指出:"我们必须把发展社会主义先进文化放到十分突出的位置,着眼于提高人的素质、促进人的全面发展,加强思想道德建设,发展教育科学文化,培育有理想、有道德、有文化、有纪律的社会主义公民。"对于高等学校而言,开展大学文化建设就必须以培养高素质的社会主义事业的合格建设者和接班人为根本出发点与落脚点,大学工作的每一环节都应把实现培养高素质创新型人才的目标放在突出位置。大学只有紧密结合培养人这一中心工作,才能坚持其正确的方向与导向,才能彰显大学文化社会辐射力、影响力、创造力和凝聚力。

第四,追求卓越、科学发展是大学文化的基本理念。

追求卓越、科学发展既是对大学文化提出的总体要求,对深入开展大学文化建设的风格、途径、内容、措施和方向的总体定位,也是大学文化的时代性的集中体现,是大学文化的内在气质和深刻内涵的本质要求。先进大学文化的核心价值和基本理念就在于,在时代的变迁中勇于承担社会职责,充分认识大学存在的社会意义,积极按社会发展的需求调整办学方向,营造自由、包容、理性的校园氛围,建立起一种崇尚人文、注重特色、学术为先、倡导创新和鼓励个性发展的良好环境,牢固树立追求卓越、科学发展的大学文化发展理念,努力为国家社会作更多的贡献。

第五,以师生为本是大学生文化的核心要求。

马克思说:"历史不过是追求着自己目的的人的活动而已"。"追求着自己目的的人的活动"是人自身全面而自由发展的需要,这一需要同人类有意识、有目的地改造客观世界的活动与社会文化发展的有机统一密不可分。社会文化的成熟和发展,需要一定的条件,其中最重要的就是以人为本。坚持以人为本,把人的利益和需求作为各项工作的立足点和落脚点,是社会主义先进文化建设的核心要求。具体到大学校园,就是要坚持以师生为本的思想,把软环境建设摆在更加突出的位置,形成有益于促进大学师生自由而全面发展的、有益于科学创新的、充满生机与活力的和谐校园文化环境。就是要在大学文化建设中建立尊重、关心、支持师生发展、成长的文化模式,倡导以德为先的人格标准,为每个大学人的成功创造条件、铺设平台,不断提升校园硬件环境的文化含量与文化品位。就是要从师生的实际需要出发,充分调动师生参与的积极性、主动性、创造性,在建设大学文化的过程中提高师生的整体素质,发挥大学文化潜移默化的影响和熏陶作用,与时代精神紧密相结合,起到影响人、感召人、引导人的良好效果,使大学文化的内涵不断传承、丰富、深化和发展。

大学文化建设应遵循的原则

加强大学文化建设,要从践行"三个代表"重要思想、落实科学发展观的高度,从学校发展和人才培养的全局,充分认识加强大学文化建设的重大意义,切实加强对大学文化建设工作的组织领导,把大学文化建设作为和谐校园建设的重要内容纳入议事日程和检验学校工作的重要考核指标。要建立健全大学文化建设长效机制,着力构建内涵丰富、特色鲜明、适应世界高等教育发展趋势的先进大学文化。在加强大学文化建设中应遵循以下原则。

一是坚持先进文化前进方向的原则。大学的本质、大学的文化特性决定了大学文化建设必须坚持先进文化的前进方向,既要深入贯彻我国的文化建设方针政策,又要结合首都高校的发展实际,注重结合先进文化的继承性、时代性、科学性、开放性特点,坚持按照文化创新的要求,在解放思想、更新观念和振兴高等教育事业的过程中,培育、弘扬和创新先进的大学文化。

二是坚持继承传统与创新发展相统一的原则。既要继承和发扬中华民族优秀文化传统,发掘学校的传统和精神,又要立足现实,面向未来,抓住机遇,探索创新,大力弘扬社会主义核心价值观,不断培育和突出大学文化的特色与亮点,加强对外文化交流与合作,增强大学文化的丰富性、包容性和开放性。

三是坚持共性文化与个性文化相统一的原则。既要遵循大学文化发展和建设的普遍规律,体现大学文化的共同特征,努力建设富有社会主义特点、时代特征和科学民主开放的大学文化,又要从学校实际出发,深入研究学校本身的发展历史,认真总结学校的传统、精神、特色,提炼、培育和弘扬学校的文化个性与特色,促进大学文化向纵深发展。

四是坚持科学精神与人文精神相统一的原则。既要大力倡导以实事求是、独立思考、严谨规范、求真务实为基本内涵,以求真为目标,以创新为灵魂的科学精神;又要高扬尊重人的价值,注重人的精神生活,以求善求美为目标,"以人为本"为核心的人文精神。大力弘扬科学精神与人文精神,努力做到两者的统一共存,是推进大学文化建设取得实效的重要环节。

五是坚持以人为本与促进学校事业发展相统一的原则。一方面,以提高师生素质、促进师生全面发展为核心,形成有利于大学人成长和事业发展的组织科学、法规健全、管理有序的制度安排;另一方面,树立大学文化是核心竞争力的观念,培育和形成大学文化建设和学校各项事业协调发展的理念。既要重视大学的教学科研基础设施、校园环境的建设,又要突出精神文化在大学文化建设中的重要性,在促进学校事业发展的过程中努力做到大学精神、物质、制度和行为文化的和谐统一。

六是坚持整体规划与分步实施相统一的原则。既要对大学文化建设进行统筹规划,科学确定大学文化建设的目标、内容、布局、步骤、资源配置等,又要结合学校实际,根据学校的具体条件,按照速度、质量、规模、效益相统一的原则,突出重点、分步实施,坚持有形载体与制度建设相结合,逐步建立和完善大学文化建设机制,使大学文化建设外化于形、内化于心、固化于制,在实践中不断推进和完善。

原载《科学时报》2008 年 3 月 25 日

大学文化建设指标体系与评估模型构建

一、引言

目前学界关于大学文化的研究,大都集中在大学文化的概念界定、内涵、外延及功能的分析以及国外的相关经验及对策等理论层面的讨论,而实证性研究非常缺乏。本文着重从实证角度对大学文化及其建设进行研究,构建能够评价大学文化建设的指标体系,并提出若干评价方法。从操作层面解决大学文化建设无据可依的局面,最终推动大学文化的建设实践。

二、大学文化建设指标体系的构建

当前高校面临的各类评估已经较多,因此大学文化建设指标体系应本着考查方便、简便易行、易于量化、普遍认同的原则,充分考虑指标收集的可行性、可信性和低成本,尽量减少评估给各高校带来的不便,控制评估所需的财力、物力、精力和时间上的负担,以高校自评促建为主、互评提高为辅,增加评估指标的可操作性。

(一)一级指标:大学文化建设的维度

很多学者在研究大学文化的内涵时对其进行了分解,提出了很多理论,提出了"二分说""三分说""四分说""五分说"和"多分说"。

笔者认为,由于对大学文化的理解的出发点不同,所以最终造成了学者对大学文化的各种学说。其中四元说比较全面地描述了大学文化的内涵。如认为大学文化应该由精神、制度、行为和环境文化等方面组成,本文认为将其中的环境文化拓展为内容更为丰富的物质文化,更能全面地反映大学文化的内涵。因此,本文将大学文化分为精神文化、物质文化、制度文化和行为文化四个维度,并以此为出发点进行指标体系的构建。

大学精神文化是大学文化的内核和最高表现形式,是大学在长期的发展过程中形成的独特气质和价值规范体系,具体表现为大学在办学过程中所尊崇的办学理念和大学人共同的价值追求等等,具有凝聚、激励、导向和保障的作用。

大学物质文化是大学和大学精神文化存在的物质基础,是大学文化的物质形态和综合实力的重要标志。大学物质文化的存在于如学科专业、师资队伍、校园环境、建筑布局、人文景观、教学设施与手段、办学条件等有形事物中,在大学文化的结构层次中,大学物质文化处于表层文化的维度。

除表层的物质文化和处于内核的精神文化以外,大学文化还应该包含大学这个特殊的组织日常运转相关的制度文化以及与大学人自身行为相关的行为文化。比如教学制度、科研制度、各种行政管理制度等,这些制度的完善程度以及人性化、科学化程度也是大学文化建设程度的重要反映。此外,是否有专门的大学文化建设组织,大学文化建设的规划、部署和执行状况,大学人的行为表现等,也是大学文化建设的重要标志。

为了鼓励大学文化的多元化、个性化、特色化建设与发展,我们在上述四个一级指标的基础上,专门增加了特色文化这个指标,以此作为各高校大学文化建设的第 5 个一级指标,或附加增值指标。

(二)二级指标

建立了大学文化建设的基本维度后,需要对各个维度进行更深入的分析考察,即在对一级指标进行解释和理解的基础上建立二级指标。

大学精神文化受大学领导者的影响很大,一所大学党委书记和校长的价值观、校领导班子对大学精神的领悟和与实现、大学的整体形象设计与规划等,都是大学精神文化的重要表现。因此精神文化下面的二级指标,主要采用校长价值观、大学精神、形象设计与规划三个方面作为其重点。

在理解制度文化时,我们将重点放在与大学文化紧密相关的各项制度上,但由于大学的其他管理制度,比如教学制度和科研制度也是影响大学文化的重要因素,因此我们以大学文化的组织机构建设状况、专门的大学文化制度以及其他管理制度作为制度文化下的二级指标。

物质文化维度主要针对的是大学文化中的硬件部分。其中,图书馆承担着传播知识的重担,是大学物质文化建设中最重要的硬件之一;目前网络已成为大学师生学习、科研、生活的重要园地,因此网络也是衡量大学物质文化建设的标志之一;大学中的各种人文景观以物化的方式将大学特有的精神内涵体现出来,增加和活跃着校园中的人文艺术和科技氛围,是大学物质文化建设的重要表征;各类文体场馆、校报校刊、广播电视、宣传橱窗等是大学文化传播的重要载体;各种文化设施的建设和文化活动的举行,都需要一定的经费和其他保障条件,因此将条件保障也作为大学物质文化建设的二级指标。

行为文化与大学人的行为息息相关,体现在大学的教学科研、学习生活和各种文体活动中。其中道德文化衡量的是大学文化建设主体大学师生的思想道德素质;学术文化体现的是大学的教学科研的开放性、学生学习的主动性和创造性;交流文化、社团文化、艺术展演、文体节日、讲座沙龙等,则从不同的侧面反映着大学师生的行为状况和精神风貌。

特色文化建设指标的设置,是为了充分体现和鼓励大学文化中的鲜明个性。特色文化,展现的应该是高校大学文化建设的与众不同和出类拔萃之处,若一所大学在精神文化、物质文化、制度文化、行为文化建设中的某一个具体方面,有成效显著的特色成果,在文化育人中发挥了积极作用,具有较大的社会影响,值得其他高校借鉴和推广,则应该考虑给予特殊加分。设置此指标的目的,就是为了鼓励各高校在大学文化建设中,弘扬优良传统、保持特色和个性、创新体制机制、实现内涵发展。

(三)三级指标

我们在对二级指标含义深入理解的基础上,兼顾可操作性,容易测量等性质进一步将其细化,最终列出三级指标。评估者根据三级指标的要求和标准,对各高校的大学文化建设状况进行考查、打分评价。

综合以上考虑,我们设计了大学文化建设评价指标体系(见表1)。

表1　大学文化建设指标评价体系

一级指标	二级指标	三级指标(打分标准)
精神文化 200 分	校长价值观 50 分	大学文化建设在学校中心工作中的地位和作用如何,校领导对大学文化建设状况的重视和关注程度,党委常委会、校长办公会是否定期专题研究大学文化建设工作
	大学精神 100 分	是否总结凝练了明确的大学精神,大学精神与学校办学传统和目标定位的结合程度,大学精神在师生员工中的认同度
	形象设计与规划 50 分	是否有学校形象设计与规划,形象设计与规划和本校精神、办学特色的吻合程度
制度文化 200 分	组织结构 50 分	学校的组织结构是否合理、功能是否齐全,是否有专门负责大学文化建设的组织机构和人员
	管理制度 100 分	各项管理制度完善性,管理制度和措施的人性化程度(教学制度,科研制度,各项行政管理制度)
	文化制度 50 分	是否有大学文化建设长远规划,大学文化建设的部署是否合理,大学文化建设部署的执行情况

续表

一级指标	二级指标	三级指标(打分标准)
物质文化 300 分	图书馆 100 分	人均纸制书籍数量,人均期刊数量,人均电子数据库数量,信息更新的周期,每书每年的借出次数,数据库日平均登录次数,图书馆书目及电子数据库检索与查询的便利性,电子数据库增长速度
	网络建设 50 分	学生和教师使用网络的便利性,各组织机构网站的实用性和美观性,网络对文化的传播状况,网络对教学科研的促进作用
	人文景观 50 分	是否有体现学校精神和文化内涵的人文景观,是否在重要位置竖立校训、办学理念等主题雕塑,校园环境的美感,校园人文景观、园林广场的数量和艺术品位,建筑设计、建筑风格与校园环境的和谐程度
	宣教阵地 50 分	文体场馆数量及等级,校报校刊、新闻网的质量和影响力,广播电视的覆盖率及影响力,宣传橱窗的数量、效果和观众评价
	条件保障 50 分	是否有大学文化建设专项经费,文化建设经费占总经费的比例,大学文化建设的经费来源渠道的多样化程度,制度及硬件保障情况
行为文化 200 分	学术文化 50 分	学术文化氛围是否浓郁,学术报告制度的完整性,年均校外、国外学术交流次数
	道德文化 50 分	师德建设整体状况,学生思想道德素质整体状况,管理服务人员道德素质状况
	交流文化 社团文化 50 分	年均与校外的文化交流次数(表演,座谈),社团活动的特色及影响力
	艺术展演 文体节日 讲座沙龙 50 分	各级艺术展演次数及影响力(获奖情况),是否经常举办文体节日以及其影响力如何,年均讲座次数(学术讲座除外)及在师生中的影响力(知名度),各种讲座在社会上的平均影响力(参照被各大媒体报道的次数)
特色 100 分	本校文化 建设特色 100 分	精神文化、行为文化、制度文化和物质文化中的特色,是否有体现本校特色的文化制度、措施以及活动

应该注意的是,此指标体系中存在着数值型指标以及较难量化的指标。在操作过程中,能定量打分的一定要定量化,不能定量的指标要进行定性测评,定性测评的指标要根据工作经验和实际水平划分等级,按照优、良、及格、不及格的分数底线给出分数。此外,不同指标之间要注意防止交叉重复和互相矛盾。

三、大学文化建设评估模型

大学文化建设必须契合各大学的实际情况,与每所大学的整体目标和定位相一致。由于不同类型的高校性质有所区别,其发展重点也有所区别,因此在对其大学文化建设状况进行评价时也应该有所区别。大学文化建设的评估工作应尽量在同类型高校间进行,使评估结果更加科学、客观、公正,进一步了解各类高校大学文化建设的基本状况、存在的典型问题和普遍规律,提供有价值的经验借鉴。

(一)自评模型

自评的目的在于了解各高校大学文化建设总体状况,发现薄弱环节,从而更有针对性地开展大学文化建设。在评议时并不参考其他高校大学文化建设的状况,因此这是一种绝对评价。

各高校在进行自评时可以按照上表1所述的第三级指标所指明的标准进行打分。具体的分值见表1所示。该指标体系的满分为1000分,900分以上为优秀,800分以上为良好,600分为及格标准。

(二)同行评议模型

如果上级部门需要进行从上至下的大学文化建设现状的评估,即由上级部门主导、在多所高校间进行大学文化建设工作的评估评比,就需要建立同行评议模型。这种评估通常是将多所高校放在一起进行评议,并希望得到各个学校的最终排序,从而能够发现成绩优秀者,将其建设经验进行总结、表彰和宣传。同时也能发现问题和不足,有针对性地提出整改意见与建议。

由于同行评议时是将多所高校放在一起比较,因此具有相对评价的特性。上面提出的指标体系中涉及的内容,是各高校大学文化建设时都应该重视和发展的,但各个高校在保证各项建设内容的同时,应该有自身突出的特点。因此,在进行同行评议时应该充分考虑各个高校文化建设中的特色,但在评价中对各项指标人为赋予权重是不尽合理的。我们认为,在进行同行评议时可以使用一种能够突出各评价单元特色的综合评价方法——数据包络分析法(Data Envelopment Analysis,DEA)来进行评价。此方法不但可以减少评价人员的主观性,更能够在评价时使被评价对象的特色受到充分考虑和重视。

在保证所有建设内容不缺失的前提下,深入挖掘出本高校独有的特色,这样的大学文化应该是兼备共性和个性的,应该属于大学文化建设比较成功的高校。由于 DEA 方法充分体现各个单元的优越性,避免了完全平均意义下的比较,在人才选拔等场合得到了广泛的应用。使用 DEA 模型进行大学文化建设的同行评议,同样也是比较适合的。

DEA 方法即将被评价的单元看作一个拥有多个输入输出的生产系统,如果某个单元能够用最小的输入产生最大的输出,则此被评价的单元被认为是最有效的。因此在 DEA 方法中越小意味着评价单元越有效的指标被作为输入,而越大意味着评价单元越有效的指标则被看作输出。[①]

随着 DEA 方法的不断发展,针对只有输入或输出的情形,研究者们提出了纯输入、纯输出的模型,用于输入和输出确定的情况下,分析输入的最小化程度和输出的最大化程度。[②]

由于我们提出的大学精神文化、制度文化、物质文化和行为文化四个维度的指标以及补充的特色指标均为正向指标(即指标分值越高,说明大学文化建设效果越好),这样将所有指标作为输出是比较合理的(即将所有被评价单元的输入都看作相同)。因此,笔者认为根据考试成绩选拔人才时使用的纯输出(将所有被评价单元的输入看作同样的,如均为

---

① 魏权龄:评价相对有效性的 DEA 方法. 北京:中国人民大学出版社,1988
② 何静:只有输出(入)的数据包络分析及其应用.《系统工程学报》,1995,10(2)

1)的 DEA 模型(1)也同样适合大学文化建设的同行评价。

$$\begin{cases} \max & h_{j0} = \sum_{r=1}^{m} u_r y_{rj} \\ s.t. & \sum_{r=1}^{m} u_r y_{rj} \leqslant 1, j=1, \cdots, n \\ u_r > 0, r=1, \cdots, m \end{cases} \tag{1}$$

在模型 1 中，h_{j0} 是大学文化建设成效的目标函数，其最大值称作文化建设的有效性系数。这里，共有 n 个单元(高校)参与评价，评价时需要考虑的指标有 m 个(这里应该是 5 个,分别为精神文化、制度文化、物质文化、行为文化和特色指标5 大指标)。模型中 y_{rj} 是已知数,在此代表第 j 个高校的第 r 项文化建设状况的得分。该模型需要对每个被评价单元进行一次计算,最终得出的最优解为该单元的有效性值。模型中的未知数是 u_r,在每个单元的计算中代表第 r 个指标对应的权重。由于约束的存在,所有单元的文化建设目标函数的有效性系数不大于 1。有效性系数越大,则说明文化建设成效越好。

该模型为简单的线性规划模型,在具体操作中只需对各个被评价单元编号,然后每个单元的 5 个指标的得分代入即可求得。运用 Matlab 等求解线性规划时常用的软件就可以很方便地进行计算。

此模型的优点是避免了权重的人为设计,而且在评估时充分考虑了各高校大学文化建设中的特色。在此模型下,与各项得分都平均但无突出项的各校相比,某些项较弱但却在某类指标有突出表现的大学,其得分可能会更高,因而排名更靠前。因此,本模型对大学文化建设中的特色文化建设持充分的肯定态度。

模型 1 所给出的有效性是相对有效性,即对同一所大学而言,参与比较的大学的集合不同,得到的有效性也是不一样的。为了观察大学类型对大学文化建设特色的影响,在按照此模型评价大学文化建设的效果时,可以先将同类型的大学放在一起比较,然后再将所有类型的院校放在一起比较。将同一所院校在用不同参考集中得到的有效性系数进行比较,观察其排序的变动,可以进一步得出该大学的大学文化建设的成效、特色、问题与不足。

四、结语

大学文化属于文化范畴,由于其具有无形性,且标准多样化,因此很难对大学文化本身进行评价。但大学文化的建设过程确实有章可循且可以评估的,对大学文化建设的评估能够促进各大学对文化建设理论和操作过程的理解,对促进大学文化的发展是极其有利的。

原载《北京航空航天大学学报·社会科学版》2009 年第 2 期(本文第二作者为王军霞)

文化传承创新与大学文化建设体系构建

胡锦涛同志在庆祝清华大学建校 100 周年大会上的讲话中强调指出,"全面提高高等教育质量,必须大力推进文化传承创新"。这为我们致力于将大学办成一个文化陶养、传承创新之地,更好地探索中国特色社会主义大学文化发展道路指明了方向。

一、文化传承创新是大学发展的活力所在

作为承担着特殊历史使命的社会创新型组织,大学是一种客观存在,但大学之所以被称之为大学,关键是因为大学更是一种精神存在和文化存在。这就意味着,"文化""传承""创新"及"建设",注定是大学所担负历史使命的"关键词"。

今天,大学的功能随着社会的发展逐渐从单一的"人才培养",向"人才培养""学术研究""社会服务"和"文化传承创新"等方向演进。在这四者的关系中,人才培养是核心和基础,学术研究是动力和支撑,社会服务是目的和要求,文化传承创新是源泉和纽带。它们是一个互相配合、紧密联系、互动促进的整体,分别从不同的角度和方向,对大学的发展、对社会的进步产生长远的综合影响。大学的四大功能在发挥作用的过程中相互融合、依存,共同集培育、创新、服务、重构和发展于一体,不断促进高素质人才培养,推动原始创新与科技进步,在新思想、新知识的孕育中探索、争鸣和实践,成为社会发展的思想库、人才库和成果孵化器,在培育和弘

扬大学精神中引领社会文化,营造开放、平等、自由的大学氛围,树立科学、民主、创新的办学理念,从而为人类社会的发展做出更大的贡献。

从本质上讲,大学的人才培养、学术研究、社会服务、文化传承功能都是大学的文化功能大系统在不同方面的具体体现,是大学之所以成为大学的共同基础。缺少其中任何一个环节,大学在社会进程中的作用和影响就会大大降低。在某种意义上说,大学的四大功能中,文化传承创新应该处在更加重要的位置,是大学发展的纽带,是大学发展的活力所在。大学职能的拓展、功能的深化及其对文化本身发生的反作用,会随社会大系统的不断完善、发展而进一步加强。因此,关于文化建设视角下的大学功能的再认识,以及对大学的文化功能体现在大学发展进程中的选择、传递和创新上的规律的探讨,具有重要意义。

二、推进大学文化建设的方式与途径

切实推进大学文化建设,必须与社会文化大发展大繁荣和提高国家文化软实力的战略目标结合起来,不断探索如何在大学的教学、科研、管理和文化传承实践中,构建起当代中国大学文化的建设体系和大学人的主体意识,在更加宽广的社会文化发展视野中,审视、思考和重构继承传统、体现时代特征的大学精神,以"师生为本、科学发展、追求卓越"为理念,以树立社会主义核心价值体系、培育和弘扬大学精神为核心,以提高师生的素质和能力、增强师生的凝聚力和使命感为重点,建立符合大学战略发展实际的文化建设总体目标,把握大学文化建设的方式与途径。

一是制定科学合理的大学文化建设规划。科学的规划、符合大学发展实际的明确的文化建设目标,是大学文化发展的前提。因此,制定科学合理的大学文化建设规划对于推进大学文化建设具有十分重要的意义。当前,许多高校从战略的高度谋划文化建设工作,推动了大学文化建设工作和其他重点工作协调发展。比如,北京航空航天大学在"十一五"伊始就率先在全国高校制定了文化建设五年规划,着眼于继承和弘扬以北航精神为核心的文化传统,提出了系统规划、整体推进、分步实施的文化建设原则,在学术环境营造、文化品牌形成、校园环境优化等方面形成了标志性成果。"十二五"期间,北航进一步从精神文化、制度文化、物质文化、行为文化四个维度开展大学文化研究,深化大学文化内涵,创新文化育人机制,构建文化建设体系,使发展目标更明确、思路更清晰、措施更得力,努力推进学校文化建设的特色质量与品位的显著提升,并创造出自己的文化特色,从而增强广大师生对文化建设的认同感和关注度。

二是不断探索大学文化传承创新体制机制。高校要在机构设置、经费投入、机制创新等方面,将大学文化的创新发展摆在更加突出的位置,确保形成大学文化建设的良性保障机制。高校每年要投入文化建设专项经费,并成立了学校文化建设领导小组,组长可由学校主要领导担任,成员由学校各主要部门负责人担任,文化建设办公室可设在宣传部,宣传部长担任文化建设办公室主任,形成党政齐抓共管、各职能部门和基层院系各司其职、广大师生员工广泛参与的文化建设工作体系。北京航空航天大学就是这样做的。学校围绕"锐意创新,科学发展,建设空天信融合特色的世界一流大学"的主题,将文化建设工作进一步提升到战略发展高度,精心制定了以培育大学文化、推进科学精神与人文精神融合为重点的"文化培育工程",于2011年5月成立文化与艺术传播研究院,为发挥学校特色资源优势,整合学校文化艺术资源,集聚社会文化艺术力量,提供体制上的客观而有力的支持。努力探索多种模式、联动协作、资源互补、形成合力的学术建设及大学文化创新体制机制,在促进科学技术与文化艺术的交融互动中,扩大文化传播效果,形成学术研究特色,汇聚和培育高端人才,逐步建成大学文化乃至国家文化创新发展的"智库"。

三是坚持在文化育人中打造大学文化特色品牌。只有坚持大学文化建设的特色和改革创新,才能破除制约大学文化发展的各种束缚,才能使大学文化的活力充分释放,使大学文化更加多姿多彩。高校要牢固树立文化育人理念,把特色和创新作为大学文化建设的生命线、生长点。要注重将大学文化景观建设作为培育和弘扬大学精神文化的重要载体,将大学精神和治学文化的内核"审美化""景观化"。要在校园中建设与校园环境融合、艺术品位高的公共艺术景观作品,在校园时空中形成特殊的文化艺术传播场,弘扬学校文化特色,提升大学艺境品位。要着眼于搭建大学文化高端传播平台,精心打造诸如学术大讲堂、"我爱我师"人物评选、师德论坛等特色文化品牌活动,并使这些活动成为师生开阔视野、激荡思维、启迪心灵的精彩课堂、教育阵地和重要载体。要抓好图书馆、校史馆建设,有条件的大学还可以进一步搞好艺术馆、博物馆建设,坚持"公益性、专业化、高品位"的办馆方针,努力传播科学精神、人文精神和大学精神,充分发挥它们良好的教育、感染和引领作用。

四是重视大学文化人才队伍的专业化建设。人才是发展大学文化的第一要素,要根据大学文化发展规律,适应新形势新任务的要求,着力培养一批既熟悉高等教育发展规律、又掌握文化建设专业知识的复合型人才,还要善于吸引社会上文化、艺术领域的学者、专家积极参与大学文化建设,在大学文化建设中出谋划策、创造精品。可通过成立文化与艺术传播研究院等方式,聘请相关政府部门、文学艺术界、新闻界和兄弟高校的著名专家、学者担任特聘专家,以期望通过集聚社会文化艺术力量,关注与回应国家文化发展战略需求,把大学的办学优势转化为创新人才培养的优势,担负大学文化研究、文化建设、文化合作交流、公共艺术教育及传播等职责,推动科学、人文、艺术领域跨学科研究,培养文化管理与公共艺术传播等方向研究生层次人才,进一步提升高校服务于国家和社会的文化影响力、文化辐射力、文化创新力。

三、文化传承创新视野下大学文化建设的重点任务

大学文化体现于办学理念、教育方式、组织形式、管理制度、办学目标、校风学风等方面。但由于办学历史、文化传统、学科专业、知识沉淀等不同,每所大学都有自己的办学模式和风格、气质,因而大学文化又各有差异。我们在设计和明确大学文化建设的重点任务时,应该从大学文化的四种表现形态出发,充分考虑大学精神文化、大学物质文化、大学制度文化和大学行为文化四个维度的建设目标,特别是重点建设包括大学精

神、目标理念、核心价值、素质行为、管理制度、阵地建设、校园环境和大学形象等在内的大学文化建设要素,使其成为一个丰富而系统的建设体系,紧密联系、相互促进。

第一,着力提炼大学精神、办学理念与治学文化。当前大学文化建设的首要任务是牢固树立科学发展、追求卓越的大学文化发展理念,紧紧抓住科学发展这个主题,总结提炼出符合先进文化发展方向的具有鲜明时代特征的大学精神传统、办学理念与治学文化,推动大学文化建设规划制定、平台构建和体系形成。

第二,着力建立尊重、关心和支持师生发展、成长的文化模式。建立这种模式,可以促进人的全面发展,使师生共同的理想信念、道德素质、科学文化等得以全面提高。

第三,着力营造和谐宽松的大学教育环境。建立崇尚人文、注重特色、学术为先、倡导创新和鼓励个性发展的良好氛围,促进学校综合办学实力的全面提升。

第四,着力加强大学文化阵地建设,坚持以师生为本,把软环境建设摆在更加突出的位置,不断提升校园环境的文化含量与品位,蓬勃开展形式多样、内容健康、格调高雅的校园文化活动,形成一批大学文化建设示范基地和文化品牌。

第五,着力建立一套高效、务实的大学文化建设体制与运行机制。做到重在建设、注重积累、持之以恒,充分调动师生员工参与大学文化建设的积极性、主动性、创造性,同时多渠道集聚社会文化艺术力量,使大学文化的内涵在自觉融入国家文化大繁荣、大发展的大环境中,不断得以传承、深化、丰富和发展,从而进一步发挥大学文化的社会引领作用和辐射影响。

原载《高校理论战线》2011 年第 11 期

推进大学素质教育与人才培养机制创新

大学具有人才培养、科学研究、服务社会和传承文化等职能。当前，高等教育界已认识到，全面推行大学素质教育是培养时代所需、社会所需的知识能力型人才的前提和保障。因此，在大学教育教学改革实践中积极探索实施素质教育的有效方法，不断创新高素质人才培养机制，具有十分重要的意义。

一、以学生为本、因材施教是大学素质教育的核心

大学素质教育要求坚持"以学生为本"的价值取向，这在教育实践中具体化为根据学生的特点和水平来确定教学内容、应采取的教学态度和教学方法，即因材施教。宋代朱熹在《论语》的注解中说"孔子教人，各因其材"，从而有了"因材施教"一词。因材施教既是一种教育理念，又是一种教学方法，其精髓是根据教育对象的不同而采取不同的教育方式。

因材施教是大学全面推行素质教育的核心，是实现素质教育的有效手段。因材施教，强调首先考察被教授的对象，以其知识水平、性格特征和现有的素质结构为教学的前提和基础，有所侧重地计划好如何对受教育者的思想、道德品质、身体心理、专业知识、人文素养及综合能力等方面进行引导、培养。这种培养活动的过程充满着全面发展、个性发展和主动发展的因子，是实现人的基于主动和个性化的全面发展的有效途径。

北京航空航天大学在充分认识素质教育的全体发展、全面发展、个性

发展和主动发展的深刻内涵和"以学生为本"价值取向的基础上,确立了以因材施教为核心的素质教育实施方案,认真分析学生的基本特点并据此确立学校的学生培养目标。北航每年入学的新生都是全国高中毕业生里的佼佼者,面对这样一个优秀学生群体,学校将培养目标确定为培养具备坚实的理论基础、良好的分析问题和解决问题的能力、具有强烈的自主学习意识、受过系统的工程训练、实践能力强的具有创新潜质的高素质领军人才。

二、大学推行素质教育的四个重要环节

北京航空航天大学是一所以理工为主、航空航天特色突出、具有工程技术优势的多科性、开放式、研究型大学。学校认为,要培养出有关领域的高素质领军人才,学生的理论基础和实践能力、学校的创新环境和师生之间的互动是四个关键方面。学校以此为依据,从课程教育、实验和实践训练、课外教育和推行导师制四个环节因材施教地全面推行素质教育工作。

1. 课程教育环节

课程教育的目标是培养学生扎实的理论基础。北航在全面推行素质教育的过程中,将课程教育分为一二年级的核心基础课教育和三四年级的宽口径专业基础课教育两个阶段。

在第一个阶段,学校确立了6门核心基础课,即数学分析、高等代数、大学物理、程序设计、大学语文和大学英语。每门课都选用和国内外一流的综合性大学一致的最好教材,同时,每门课都组建一个优秀的教师团队,并精选团队负责人。全校16个工科学院使用统一的教材,但考查的侧重点和难易程度允许有所不同,考核方式也可因专业不同而各异。这样一来,学生在基础阶段就能系统和深入地掌握科学和人文基础知识,而良好的数理和人文基础将为学生未来的创新提供坚实的理论基础和支撑平台,甚至会对其创新思想和技术发明的产生和思维方式的转变产生深刻的影响。

在第二个阶段,各专业根据学科大类对创新人才的培养需要确定主要教学内容,设立 6 至 9 门宽口径专业基础课。宽口径专业基础课程教育的培养方针就是改革以传授大量专业知识为主的传统人才培养模式,拓宽专业面,通过强化核心专业基础教育,使学生能够成为国家高科技领域急需的复合型专业人才。

2. 实验和实践训练

实验和实践方面的课程训练重在培养学生的实践能力。学校通过制度化的方式引导学生充分利用现有的实验和实践条件,目前,学校共有 20 多个重点实验室,其中 1 个国家实验室,6 个国家重点实验室,14 个省部级重点实验室,共有 520 个重大项目课题。一二年级的学生可进入学校的物理实验室、电工实验室、电子实验室和工程训练中心等教学实验室进行本科基础课实践,培养科学实验和技术发明应具备的良好素质。三四年级的学生,全校各类实验室都向其开放。据统计,30% 至 50% 的大三学生进入了学校的专业研究实验室,完成大型综合专业练习实验,大四学生则全部进入学校的各类专业研究实验室,直接参与学校和教师承担的科研项目,完成毕业论文。这较好地促使了学生应用所学的宽口径专业基础课知识,培养和提高分析问题和实际解决问题的能力。此外,学校还有 110 个工业企业类校外实践教学基地可供学生进行实践训练,学生每年都要开展"三年、三类、三层次"的社会实践活动。

3. 课外教育

课外教育要为学生的全面发展创造创新环境,营造创新氛围。北航校长李未院士曾提出,每个学生入学后都应读三本书,即《毛泽东传》《钱学森传》《我是怎么设计飞机的——凯利·约翰逊自传》,以此来鼓励他们培养创新精神、爱国精神、民族自豪感和自信心。学校规定,本科生每周上课时间不超过 25 小时,留给学生足够的自由时间和空间进行个性化的全面发展。学校的各种课外科技竞赛活动被学生视为十分重要的课程,每年有数千人参加以解决科学工程技术中具体问题为主的大学生科研训练计划(SRTP)项目;自 1990 年开始的"冯如杯"课外科技作品竞赛到现在已走过了 18 个春秋,每年都有超过 50% 的在校学生参加比赛;数以千计学生参加"挑战杯"、机器人大赛、国际计算机大赛、电子设计大赛和数学、物理、外语等学科竞赛,并连续 9 次获全国大学生"挑战杯"优胜奖。学生们还积极参与"创业计划大赛""创意大赛""航空航天文化节"等校内课外科技活动,自主发起评选"大学生科技明星"的活动,学校经常举办科技讲座、科技论坛和学术报告会。这一系列课外教育促使学生的基础知识、工程实践能力、创新能力、项目管理能力和社会活动能力得到综合性、实战性的强化训练。

北航不仅大力开展科技创新类的课外活动,提高大学生的文化艺术修养也是课外教育的重要内容。学校鼓励学生参加各种课外文体活动,民乐团、舞蹈团等学生艺术团体发展迅速,排球、武术等传统优势体育项目带动了全校竞技体育水平的全面提升。学校定期组织形势报告会,举办各类人文社科讲座,积极营造人文精神环境,建立了倡导人文精神的艺术馆。北航艺术馆以公益型、专业化、高品位为宗旨,成立两年来已主办过 40 多次高水平展览,为学校营造了良好的科学与人文精神共存的自由和谐氛围,成为学校开展人文素质教育、培养艺术专业人才的课外教育的重要课堂。

4. 实行导师制

实行导师制是学校因材施教的重要措施,旨在促进师生之间的互动,加强师生之间的沟通。创新型人才的特征是具有高尚的人生理想,具有追求真理的志向和勇气,具有严谨的科学思维能力,具有扎实的专业基础、广阔的国际视野、敏锐的专业洞察力,具有强烈的团队协作精神,具有踏实认真的工作作风。实行导师制,为本科生配备导师,有利于指导学生创新特征的塑造和养成,发挥导师的知识积累、人生阅历在学生成长过程中的引导作用。

基于以上的认识,北航从本科一二年级开始就实行导师制,并于 2002 年在高等工程学院开始了导师制的试点工作,2007 年又将导师制推广到了航空科学与工程学院。进入这两个学院的每位同学,从一年级开始,通过双向选择,确定指导教师,做到"一人一师",导师由两院院士、长江学者和资深博导担任,学生可以直接进入导师的课题组,直接参与科研和学术活动。导师则从学习、学术以及生活、思想上对学生进行全面的指导。到现在为止,导师制已经取得了阶段性成果,学生在"做人、做事、做学问"三个方面都能从导师制中获益,如高等工程学院 2002 级有两个学生在二年级时就进入了国家重点实验室,2005 年冬季被送到了微软研究院,这是微软研究院首次吸收本科生进入其课题组。目前,高等工程学院的高年级学生已经进入他们所选择的相关专业和导师的课题组,部分学生还进入了北京大学和清华大学的重点实验室。从效果上看,本科生导师既是学生的良师,同时更是学生的益友,导师以言传身教的方式无形中教会了学生如何做人、做事,学生在本科阶段接受的创新思维的训练,科研能力、实践动手能力、书写论文能力和综合能力得到培养和提高,客观上为学生的继续深造创造了良好的条件。

原载《北京教育(高教)》2008 年第 12 期

大学文化育人的主体视角与实现路径

现代大学发展的一个显著标志是知识和文化的创新及传播,在很大程度上已融合为高等教育的核心与主题。在以往知识传播及创新的基础上,文化在大学发展进程中的作用日益突显。一方面,大学作为特殊的社会创新型组织,其本身具有文化的表征和特性,大学文化是大学的精神之源,是大学发展的灵魂,大学的生命力、核心竞争力在于其文化的活力;另一方面,大学文化的主体是大学人,是"教师"和"学生",大学文化是由他们共同创造和再造的,在这个意义上,大学文化即意味着"人化",同时大学文化亦能"化人",即在大学文化系统中,通过其影响和作用促使大学人之间的互动关系进一步发生变化,并使其精神面貌、素质能力得到整体提升。在这里,"化"既是手段,又是目的,是大学文化育人的本质、出发点与归宿,是文化育人过程中大学发展和大学人发展的有机统一。因此,从大学文化的主体角度探讨文化育人的内涵及实现路径,具有十分重要的意义。

一、大学文化育人的主体视角

1. 教师:学术为先、育人为本、服务至上

一支高素质、结构合理的教师队伍是大学办学的基础条件之一。办学以教师为主体、以教师为本,尊重科学、尊重知识、尊重学术、尊重教师,把教师作为学校发展的第一推动力,实施人才强校战略,允许"和而不

同",讲求"和衷共济",让师生的积极性和创造性得以充分发挥,在人才培养过程中起到更大作用,已成为当今许多大学可持续发展进程中的共识。这里,教师既包括从事教学、科研活动的专职教学人员,也包括高等教育实践中的管理者,他们在文化育人实践中共同形成了独特的教师文化,"学术为先、育人为本、服务至上"是其显著特征。

在文化育人实践中,教师主要是通过教育教学和科研等活动,通过教师的职业素养、教育教学理念、教学过程中的言传身教、气质表情、人格魅力等传达和表现其能动的一面,其中最核心的是其在学术上的自由、严谨、开放、进取的境界对于学生的影响;管理者主要是通过确立以人为本的管理理念,通过为文化育人和其他大学中心工作提供政策支持和平台支撑、直接为教师和学生服务,来实现其服务至上、促进大学和大学人发展的目标,管理者在决策和实行管理的过程中,同样需要以身作则,言传身教,同时通过建立科学有序的运行机制,建设良好的文化育人渠道。

2. 学生:勤奋求索、积极进取、全面发展

学生是大学文化主体中的最具活力的因素,是落实以人为本的科学发展观在大学人才培养上的具体体现。育人以学生为主体、以学生为本,是高等教育必须遵循的核心理念,就是要坚持一切为了学生的成长成才,坚持一切着眼于学生的内在积极性的发挥,大学的一切工作要把培养学生、促进学生全面发展作为学校工作的根本点和最终归宿。

从学生主体的视角来看待文化育人工作,学生在校园里学习和生活的过程中形成和发展起来的行为方式、价值观念、主体精神等,同样也形成了一种独特的学生文化形态,其主流特征是"勤奋求索、积极进取、全面发展"。勤奋、求索、积极、主动、参与、进取等品质,既是大学生的学习和生活姿态,也是其必须具备的处世原则和态度,是学生人格塑造和智能成长的基础,是其树立理想信念和实现全面发展的前提。大学文化是由包括学生在内的大学人共同创造的,是动态发展的,这就要求学生在大学文化育人的过程中增强主动性、参与性,与教师和管理者在大学文化传承

实践中现实互动,实现主体内部的相互影响和大学文化的"化"人功能,在成长的过程中时刻意识到自身作为大学文化主体存在的重要性。

二、实现大学文化育人的一般机制与路径

1. 通过课堂主渠道实现文化之"化"人

在大学教育环节中,课堂教学仍然是文化育人的主渠道。所有的学科知识除了其专业上的科学性之外,还同时具备伴随着学科发展的"弦外之音",即专业知识的教化意义。因此,在高等教育的课堂教学中,要保证每位教师、每门课程都承担育人职责、具有育人功能,把传播科学知识和进行文化素养教育、把教书与育人工作有机结合起来,充分挖掘专业教学中的思想文化教育因素,与学生的学习、生活、成长紧密联系,有针对性地开展教育和引导,实现科学文化知识之"化"人,拓展学生的专业知识和社会文化视野,树立学生心中的理想信念标杆,形成适应当代学生特点的全方位的大学课堂文化育人体系。

切实加强大学生思想政治理论课建设,是大学课堂主渠道实现文化"化"人功能的重中之重。2008年7月,中央在京召开了加强和改进高校思想政治理论课工作会议,这是我们国家第一次为一门课召开这样规格的会议。会议明确了今后的目标和任务,提出了加强和改进高校思想政治理论课的若干重大措施。明确将大学生思想政治理论课的"化"人功能摆到了十分突出的位置。这就要求思想政治理论课教师要着力研究如何把教材内容转变成学生听得进、有共鸣、能受益的教学内容,加强各门课程之间的互动、交流与整合,用自己深刻理解和把握了的理论去讲解,去说服学生、打动学生。在课堂上,除通过多媒体课件实现立体化教学外,任课教师还应采取直接讲授、案例分析、读书报告、讨论、演讲赛、集体活动、答辩等多种教学方式,将精心准备的授课内容,或讨论式,或启发式,或探索式地传达给学生,形成教师和学生的良好互动。还要注重紧密联系历史的、现实的、中国的、外国的种种实际,针对一些重大问题做出说明和评述,在说明和评述问题中阐述理论,提高说服力和感染力,提高思

想政治理论课主渠道"化"人的实际效果。

2. 通过建立健全学生发展平台实现文化之"化"人

一是学风建设平台。建设优良学风,营造健康向上的人才成长环境,是大学生发展平台实现文化"化"人功能的基础。高校学风平台建设的重点是构建"全员抓学风、全过程抓学风、全方位抓学风"的工作机制,建立学风建设的指标体系和测评体系,通过建章立制、教育引导、严格管理和完善激励机制等措施,促进良好的校园风气、班级风气、宿舍风气和课堂风气的形成。以北京航空航天大学为例,该校近年来建立了由各院系领导、班主任、辅导员、任课教师、学生代表等组成的年级工作联席会,定期研讨和解决学生学习生活中遇到的实际问题;每年由学生系统、教学系统、后勤系统共同评选"以优良学风班建设为核心"的先进班集体;通过抓"晨读、上课、自习、作业、答疑、复习、考试"等学习基本环节,帮助学生养成良好的学习习惯;通过建立"诚信档案"和严肃考风考纪,引导学生树立严谨求实的治学态度;通过组织学生成立学习兴趣小组、自习小组和课程学习讨论班,引导学生形成团结互助、健康和谐的学习风气;通过实施本科生导师制,开拓教书育人工作的新途径;通过各级各类奖学金的评选活动,在学生中树立一批先进典型,为培养高素质优秀人才营造良好的环境和氛围。

二是发展服务平台。开展大学生发展服务体系平台建设,包括构建就业发展咨询服务体系、便捷式学生服务体系、经济困难学生帮扶体系、心理健康教育体系等,为大学生的成才成长提供系统完善的服务,是大学生发展平台实现文化"化"人功能的重点。通过建立健全上述发展服务平台建设,可以帮助学生明确学习目的,掌握科学的学习方法,确立今后的发展目标和就业志向;可以将职能管理部门与学生相关的事务性工作进行集成,将学籍档案管理、奖学金申请与审批、助学贷款申请、社团活动审批、后勤保障服务等事务,通过直接办、代办和委托办等形式,"一站式"为学生集中服务;可以开展经济与成才两条绿色通道,并同时开展经济资助、心理辅导和发展援助三项工作,帮助经济困难学生实现解困与成才的双目标;可以建立集日常教育、课堂教学、咨询辅导、危机干预四位一体的心理健康教育工作体系,开展大学生心理健康普查,对存在心理问题的学生实施危机辅导干预,进一步完善学生健康成长支持系统。

三是网络教育平台。随着时代的发展,网络这种新的文化形态成为广大青年学生普遍接受的日常工具,加强文化育人、实现文化"化"人,必须高度重视大学生网络思想政治教育,加强网络教育平台建设,优化健康的网络虚拟环境。适应新形势、新任务、新特点,要求高校应根据实际情况成立校园网络思想教育工作小组或设置网络思想教育研究中心,建立专兼职结合的理论研究、技术开发和信息维护队伍,构建"建、管、导"一体化的大学生网络思想政治教育体系。"建",就是建立并完善网络思想教育平台,重点建设以学生的学习、生活为主要内容的主题教育网站;"管",就是实行网络实名制,对网络信息进行科学有效的管理;"导",就是营造健康向上的网络环境,对热点问题、重大事件形成正确的舆论导向,为学生成长发展提供思想引导、学习指导和生活服务。

3. 通过鼓励学生的亲身参与、融入实践实现文化之"化"人

一是强化主旋律教育。深入开展主旋律教育并鼓励学生积极投身参与的目的,是为了进一步提高大学生的思想道德素质,树立正确的理想信念和世界观、人生观、价值观、文化观。近年来北京航空航天大学紧紧围绕时代主旋律,以社会主义核心价值体系教育为核心,以社会主义荣辱观教育为重点,以"爱祖国、爱国防、爱航空、爱航天、爱北航"教育为主线,大力开展了"弘扬载人航天精神""践行社会主义荣辱观,寻找身边的榜样""弘扬人文奥运精神""建诚信档案,做诚信学生"等一系列主题教育活动,组织实施了"新生最佳班集体活动答辩""宿舍文化月""学风建设月""英雄模范进校园"等专题教育活动,使主旋律教育与学生学习生活密切结合,有效地提升了文化育人的针对性和实效性。

二是推进校园文化活动创新。作为校园文化活动主要参与者的大学生,正呈现出文化需求多样化、自主性和体验性显著增强等特征,丰富多彩、健康向上的校园文化活动有助于大学文化育人作用的发挥。一方面,

要加强对校园文化活动的思想性、主导性设计,加强对种类繁多的文化活动的梳理和引导,注重对不同类型高雅文化活动的激励,使学生的参与面更广、受益面更深;另一方面,要推动校园文化活动的创新性、开放性设计,强化交流与合作,推动体制机制创新,使校园文化活动成规模、成体系,寓教于乐,融思想性、艺术性、娱乐性为一体,通过创建更多的校园文化活动品牌项目,使文化育人切实贴近实际、贴近校园、贴近学生,努力增强校园文化活动"化"人的效果。

三是深入开展社会实践。社会实践是高校人才培养的一个重要环节,是大学生接触社会、认识社会的最佳途径,是德育和思想政治教育的理想渠道,是将专业教育和工作实践结合起来的必要手段。大学生通过社会实践可以了解社会、接触实际,初步体验未来职业岗位对人才的要求,培养理论联系实际的学风,也可以直接参与生产劳动,锻炼实践动手能力,用自己的知识服务社会,在增强劳动观念的同时培养创造品格,锻炼与人合作的能力,提高综合素质。同时,大学生通过亲身参与社会实践,在社会实践的舞台上体验着社会文化的熏陶,感受着文化"化"人之魂,既是高素质创新型人才培养的需要,也是满足广大学生渴望健康成才的需要。近几年,北京航空航天大学推行了"三年、三类、三层次"递进式系统化暑期社会实践体系:一年级暑期的社会"认识实践"主题是"走向社会,接触实践,了解国情,增长才干",二年级暑假的社会"工作实践"主题是"立足岗位,参与工作,体验社会,锻炼能力",三年级暑假的社会"生产实践"的主题是"结合专业,学以致用,改造世界,提高素质"。学校把社会实践作为一门必修课纳入全校本科生培养计划,与生产实习、教学实践、"三下乡"活动以及各种团队形式的社会实践活动有机结合,相互承认、相互包容,满足了学生多样性的需求,得到了学生的认可和欢迎。

四是推动志愿服务形成机制。从2008北京奥运会工作特别是志愿者工作中,我们看到了无数大学生志愿者良好的政治素养、强烈的爱国热情、浓郁的人文情怀和昂扬的精神风貌,他们弘扬奥林匹克精神,实践志愿服务理念,用真诚的微笑和优质的服务赢得了海内外的广泛赞誉。整个奥运志愿服务工作是一项覆盖面广、实效性强、对学生影响深远、大有裨益的文化教育系统工程,让大学生在亲身实践中体会到了奉献的真谛、参与的快乐、互助的幸福、学习的重要。事实上,志愿服务作为一种志愿奉献和道德实践活动,将使大学生在亲身实践中获得反省、激励、评价和提高的机会,不断提升自己的精神境界,规范自己的社会行为,使得大学生在志愿服务的过程中由教育客体变为主体,教育过程由单向变为双向,把自我的需求、社会的期望内化为公益行动,将很好地发挥大学生在志愿实践活动中的主体作用。某种程度上,大学生志愿服务为大学文化及文化育人工作注入了新的活力,已成为新形势下开展大学生思想政治教育、实现文化"化"人的有效载体和方式,需要我们用新的视角把握学生的特点,用新的机制探索学生志愿服务的规律,推进大学生志愿服务工作科学有序地开展,使之成为文化育人工作中不可缺少的重要环节。

4. 通过传播人文与科学精神实现文化之"化"人

高等教育实践证明,大学应该着力营造一种具有社会引领作用的文化生态,坚持传播人文与科学精神,开拓文化育人工作新境界,这是一所大学的文化属性的永恒职责与特征。加强文化艺术素养教育是促进大学生全面发展的重要内容,是大学文化育人工作的重要内涵及内在要求。世界上许多知名大学都十分重视人文艺术氛围的建设,设有专门的艺术馆、美术馆或博物馆,定期或不定期举办艺术展览,为学生提供文化精神需求服务和开展艺术素养教育,其作用与效果已获得教育界的普遍认同。

北京航空航天大学作为一所具有航空航天特色和工程技术优势的多科性、开放式、研究型大学,其文化具有较强的理工科背景,从推进大学文化建设工作全局出发,基于培养人、塑造人、最大限度地发挥文化艺术育人的功能,该校于2006年5月15日正式建成了定位为"公益性、专业化、高品位"的北航艺术馆。两年多来,北航艺术馆通过连续策划举办50多次高品质的展览,坚持不懈地传播科学精神与人文艺术情怀,使观众特别是莘莘学子从中受到切实的感化、启迪,引起了巨大的社会反响。

实际上,国内一些高校也有艺术场馆,但大多隶属于其艺术院系,偶尔的展览缺乏整体性、连续性和开放性。大学艺术馆的价值在于其举办的每一次展览，以及这些展览所累积而成的"文化场"，北航艺术馆之所以倍受社会各界关注，正是因为其创新了我国高校文化育人新模式。从学校战略发展层面出发、站在高素质人才培养和加强大学文化建设的高度，重点建设大学艺术馆，北航开创了先河，并将高品位的展览坚持举办了下来，以独特的魅力与亲和力吸引着校园内外的观众，以一种"润物细无声"的方式，发挥着文化育人的功能，在大学生文化艺术素养教育中发挥了不可替代的积极作用。

原载《中国高等教育》2008 年第 21 期

论公共艺术的内涵及文化属性

一、公共艺术的缘起及发展

关于公共艺术的缘起,学术界存在多种说法。一种是认为公共艺术最早出现在古希腊,一种说法认为公共艺术缘起于美国,还有一种说法认为公共艺术最早出现在法国,这几种说法从一些侧面反映了公共艺术发展的历史。①

事实上,如果从世界艺术发展史的角度来看,远古时代起,艺术即与人类共生共存,人类从一开始就萌发了优化自身生存状态及境况的艺术创造或行为。无论是早期的自发、无意识还是后来的主观创造,艺术都是与人类发展息息相关的重要内容。最早,艺术并不是作为单一化的个人欣赏行为出现的,而是某个社会部落、群体协同作用的结果,如人类远古时期的洞穴壁画、雕刻,几乎可算作是公共艺术的源起。追溯那时的人类与艺术的关系,可以想象人们如何在粗糙的日常生活中,竟然以合众之力找到了一条以艺术愉悦自身的途径,或许可以就此断定,公共艺术的方式,根本就是人类回归本源、眺望未来的一种自发方式。

随着人类社会的发展,政治权利社会以及宗教等的出现,公共艺术开始广泛地被用作权利的象征,被统治者异化于至高无上的位置。如中世

---

① 吴士新:中国当代公共艺术研究. 北京:中国艺术研究院. 2005

纪以教堂建筑为核心的宗教艺术,其中纷繁众多的宗教壁画、浮雕和塑像,都传达了宗教的神秘、肃穆和不可逾越的尊严与权力。那一时期的神庙、纪念柱、广场方尖碑、皇家喷泉景观等,都应属于比较典型的政治社会公共艺术。文艺复兴以及西方工业化社会的到来,社会城市化进程的加快,为公共艺术的发展提供了文化与技术环境,逐渐涌现一大批以城市为中心的公共艺术品,这对于改善以往宗教艺术缺乏人性的亲切感状况,改善城市整体形象和环境,起到了重要作用。

现代公共艺术的源起,应该说主要开始于 20 世纪 20 年代的美国。当时,为了促进文化艺术福利建设、援助艺术家生活,美国发起了一项大型公共赞助方案,委托画家在数年时间中完成了两千多幅壁画,提升了美国城市及公共场所的艺术氛围和艺术品位。公共艺术真正被重视并较大规模的实施,是二战后的 20 世纪 60 年代初期。那时的美国城市环境破坏严重,人们恢复城市面貌的愿望十分强烈。为此,美国国家艺术基金会推行了"公共艺术计划"(Artsin Public Place Program),直接赞助公共艺术①,掀起了美国城市公共艺术建设的大潮。

一般认为,中国现代公共艺术萌芽于 1979 年的首都机场候机楼壁画创作。当时公共艺术的概念并未出现在我国,但壁画、雕塑等艺术形式以其特有的魅力进入公众视线,奠定了艺术发挥其公共性作用的基础。20世纪 90 年代以后,公共艺术的概念逐步被引入我国并在城市建设中运用,多元与开放的公共艺术格局开始构建,中国城市的公共艺术建设开始了从规模到质量的转型。特别是进入 21 世纪以来,随着我国综合国力和民族文化自信心的增强,公共艺术建设已不再满足于对西方的效仿,开始从建设理念上发生转变,从民族文化以及人的发展个性需求来考虑创意,中国意象、艺术特质成为城市公共艺术着力探索营造的重心,公共艺术的内涵、形式与材料等也有了飞跃性的变革。这一时期,国内一些关于公共艺术的批评、理论著述和论文相继发表,公众对公共艺术的兴趣日益浓

---

① 翁剑青:公共艺术的观念与取向. 北京:北京大学出版社. 2002

厚,一批专家学者、艺术家组织参与各种关于公共艺术建设发展的理论研讨会,推进了公共艺术在中国作为一门学科的形成。

当前,从总体上讲,我国社会公众乃至学术界对公共艺术的了解还不够深入,特别是从学理的层面上,人们对中国当代公共艺术理论和实践问题的认识还不够系统。公共艺术作为社会公共环境中的艺术,既是一种与公众互动、共享的审美方式,也是艺术家、设计师在公共空间里与公众进行交流、对话的艺术和设计样式。今天的公共艺术,正以其综合、整体、实践、多元等特征成为当代文化的重要载体,值得我们认真研究。

二、公共艺术的概念界定

公共艺术(Public Art)从字面上看,是"公共"与"艺术"的联合体,"公共"修饰或限定"艺术"。但是,关于公共艺术的概念和内涵在学术界一直分歧不断,"公共"与"艺术"孰先孰后、孰轻孰重,并没有完全达成共识。有学者认为,广义的公共艺术"是一门以环境的艺术化为要旨,由雕塑、建筑、城市规划以及行为科学、文化人类学、社会心理学等多种学科交叉形成的新兴的艺术方式。"具体讲,"公共艺术就是一种为公众服务的艺术,或者是放置在公共空间当中的艺术,还可以泛指一切具有公共性质的艺术。"[①]

由于公共艺术最早出现在城市建设环境中,它和环境、景观关系密切,通常又被称为环境艺术、艺术景观。公共艺术"作为一种当代艺术方式,它的观念和方法首先是社会学的,其次才是艺术学的。它必须向社会的公众靠拢,向公众关心的社会问题靠拢;公共艺术景观只有体现了对社会的人文关怀,才是在当代社会中一种可能的、有效的方式。"[②]应当指出的是,即便其概念是复杂和多义性的,以社会和景观环境场所为背景的公共艺术,其核心就在于艺术的公共性与社会性表征,换句话说,就是如何

① 吴士新:中国当代公共艺术研究. 北京:中国艺术研究院. 2005
② 鲍诗度、王淮梁、黄更:城市公共艺术景观. 北京:中国建筑工业出版社. 2006

使艺术走向社会公共空间。

因此,笔者以为,今天的公共艺术存在于现实物理世界与意象艺术世界的交汇点上,已构成社会学意义上的一种结构模式和文化形态,是社会公众精神审美的载体与艺术栖息地,是社会文化领域的开放性平台,是艺术观念、现象与社会公众、个体发生关联的纽带,是一种蕴涵丰富人文精神和创新品格的文化艺术发展样式。

三、公共艺术的文化属性

在考察公共艺术的文化属性时,有必要先对文化与艺术的关系进行初步的讨论。今天的世界已经进入到一个多元化的文化语境之中,如果做一个类比,文化就像是个巨大的容器,没有边际但具有很强的包容性,因而我们常常说文化是博大的——它对这个世界生发的作用,就如同文化容器中的水——水给人的启发是它自己是流动的,有纳垢清污、潜移默化的度量,能够不停地探求方向、发挥效能,能够以自身去清洁、洗净社会和人们的污垢,还能够推动别人,给人以生命的养分和力量。

那么,艺术是什么呢? 美国一个叫保罗·克利的艺术家说:"艺术是文化的花朵。"①花朵离不开水的滋养、浸润,而生长、支撑花朵的树根和枝干,如同文化的图腾,与绚丽的花朵互为因果。花朵只有沿着树的枝干往下扎根去吸取文化土壤中的营养,才能绽放出新鲜和光彩。如此看来,艺术之花是文化容器中最耀眼的内在外现,文化作为艺术的基因,是艺术的本质属性。

从文化视野考察公共艺术,笔者认为它应包含以下几方面的含义。

第一,公共艺术既是物质形态的艺术抽象,也是精神审美意识的物化。公共艺术首先必须是"艺术"的,不能简单地将公共环境中的物质形态,比如普通的园林设计,都泛化为公共艺术。它应该具备两方面的基本属性,即作为艺术作品的物质抽象和作为审美内涵的艺术浓缩,在有限的

---

① 张恬君:用科技建造美丽的宫殿.《科学时报》,2006-9-26(B1)

空间中,它以象征的、隐喻的手段传达艺术信息,运用丰富的艺术美感物化形态熏陶和影响受众,对社会公众产生审美联想和心理影响。

第二,公共艺术不仅仅是艺术本身,它蕴涵着深刻的社会理想和人文追求,是超越一般艺术形态的复合创新文化样式。"公共艺术在营造新的城市公共空间与环境景观的同时,也用多种手段创造着城市的新文化,使人文精神包围我们的生活,这种城市文化的精神场甚至可以成为城市风格的助推器。"①公共艺术建设,"是一种精神投射下的社会行为,不仅仅是物理空间的城市公共空间艺术品的简单建设,最终目的也不是那些物质形态,而是为了满足城市人群的行为和精神需求,给人们心目中留存城市文化意象。"②因而,公共艺术承载着一定的社会理想,反映着社会发展的人文轨迹,其生长过程不仅应注重历史传统和艺术特色的承接,而且应更加注重艺术的探索、超越和文化创新。

第三,公共艺术的核心是艺术的公共性,即艺术在社会公共空间中与公众的交互性,及其文化表征的多元化、多样性与开放性。由于当代艺术的多样性特征,以及时代发展中的社会转型与不断变迁,使得人与人、人与社会交往的环境发生了巨大变化。公共艺术正是作为一种开放、公共的社会动态文化平台,在上述变迁与变化中,在艺术与大众、艺术与社会之间发挥纽带作用,从而使它们之间的互动成为特殊的文化语境,也为我们这个时代的文化积累,提供了鲜活的公共精神物质审美与发展根基。

第四,公共艺术具有时空的指向性,它只有同具体的空间或地域场所、特定的社会群体发生作用,其艺术审美才能转化为社会文化价值。公共艺术的社会角色"是在创造和提升城市环境的美学品质的同时,深入结合阶层社区人文环境、生态品质和市民意识的培养,使公共艺术及其推广,成为当代市民健康、美好的物质生活和精神生活的有效方式和途

---

① 王中:公共艺术概论．北京:北京大学出版社．2007
② 王中:公共艺术概论．北京:北京大学出版社．2007

径。"①因而，认真思考以什么样的"艺术"方式介入公共空间、介入公众生活、介入社会发展历程，是公共艺术面临的重要任务。公共艺术的时空指向性，实际上是以艺术的发展、人的发展、社会的发展为宗旨的。

综上所述，可以说，当代公共艺术是一种以"艺术"为前提、以"创新"为品质、以"文化"为属性、以"互动"为语境、以"发展"为指向的崭新的文化现象与景观。公共艺术涵盖了环境艺术、艺术景观，其实更是艺术化、社会化了的文化景观。艺术化、社会化作为实现公共艺术的手段，核心是透过艺术实践及其物化的建设过程，促使公共艺术作品更好地承担文化传播职责，呈现艺术本体的文化价值与思考。

原载《山东工艺美术学院学报·设计艺术》2011 年第 3 期

---

① 翁剑青：公共艺术的观念与取向．北京：北京大学出版社．2002

对大学公共艺术的反思

——兼谈大学艺境构建

一、中国大学公共艺术的现状反思

大学公共艺术是通过艺术手段综合地反映大学精神"物化的意识"和反映大学人理想追求"诗化的情景"的特殊文化景观形态,其核心是文化的"景观"。在这样的视野中,特别是从我国高等教育大发展的背景,来考察当代中国大学建设以及大学公共艺术建设的现状,的确存在许多不容忽视的问题。

我国的高等教育经过改革开放三十多年来的建设,特别是近十多年来的快速发展,已经成为世界规模最大的高等教育。一些高校经过"211工程"和"985工程"的经费投入,教学科研条件和校园环境得到显著改善。但是,伴随着扩招和教学科研、校园建设的扩张,高等教育的质量与内涵,成为社会广泛关注的焦点。

2005年,著名科学家钱学森在温家宝同志看望他时曾发出感慨:"现在中国没有完全发展起来,一个重要原因是没有一所大学能够按照培养科学技术发明创造人才的模式去办学,没有自己独特的创新的东西,老是'冒'不出杰出人才。"2009年10月31日,98岁高龄的钱学森逝世,社会各界在缅怀这位科学巨匠的同时,都在热议钱老提出的一个问题:"为什么我们的学校总是培养不出杰出人才?"这个被称为"钱学森之问"的问题是沉重的,也是不容回避的。它的实质是,中国大学的理想以及为实现这一终极目标的路径到底是什么?

今天,我们反思"钱学森之问",其实就是反思我们在高等教育跨越发展中取得巨大成绩背后的不足与缺失,当然,也包括我们在大学公共艺术建设方面的不足和缺失。钱学森曾说:"艺术里所包含的诗情画意和对于人生的深刻理解,使我丰富了世界的认识,学会了艺术的广阔思维方法。或者说,正是因为我受到了这些艺术方面的熏陶,所以我才能避免死心眼,避免机械唯物论,想问题能够更宽一点、活一点。"①当前,中国的高等教育发展中,存在着诸多急功近利的因素,却并不太真正重视大学建设和发展中的"文化""艺术"因素。

有研究认为,"我国校园公共艺术的设置虽然有了很大的改善,如得到国家和学校的重视,大规模兴建校舍、教学楼、扩大校区、增加绿化面积、设置雕塑品等,但在许多方面仍然有很多问题和弊端。"②"校园景观雕塑作为校园中重要的设计元素,近几年呈现出蓬勃发展的态势。雕塑不乏优秀之作,但一般化、雷同化的问题也比较严重,有一些雕塑存在着'缺少内涵''看不懂'等问题。"③"一些学校的雕塑设计内容雷同、形式单一、制作粗糙、形象丑陋,极大影响了校园环境的整体风貌,成为校园中的'视觉垃圾'。现今如何让校园雕塑设计体现大学特有文化,让校园雕塑设计产生生命,是设计师、学校领导需要仔细考虑的问题。"④"现在大学的校园文化建设往往是满足于从'无'到'有','有'比'无'好的心理状态和心理需求,校园景观整齐划一地搞些喷水池……雕塑往往是昂首挺胸、手拿课本的'金童玉女',与时代风貌已经差之千里,具有严重的滞后性。这种'短(视)''平(庸)''快(速退化)'的校园建设,在总体上粗制滥造、缺乏个性。即使为了附庸艺术和美感而别出心裁地设计的雕塑

① 钱学森:钱学森讲谈录——哲学、科学、艺术. 北京:九州出版社. 2009
② 宋岩:公共艺术对校园文化美感的熏陶. 吉林大学硕士学位论文. 2007
③ 章勇:刍议高校校园雕塑的形态语义设计.《艺海》. 2009(7)
④ 王汀:大学校园雕塑设计研究. 西安建筑科技大学硕士学位论文. 2008

和建筑风格,亦是模式化、概念化现象严重。因而也难怪产生了奇怪的攀比校门现象。"①

那么,面对中国大学公共艺术建设的现状,我们应该作何反思呢?

(一)如何在高等教育的"扩张"中,坚守大学之道,不放弃大学的使命与理想。

中国高等教育在社会转型和急剧变革中继续快速发展,是不会变更的事实。关键是,大学要在这个快速发展的进程中,坚守大学之道不动摇、坚持大学理想不离弃、维护大学真谛不迷茫,在困境中探索进取的方向和解决问题的突破口,在文化传承中把握自身的核心历史使命。培养过五位美国总统、五百多名美国国会议员、多位外国总统的耶鲁大学,在创立初期就颁布了其建校使命:为国家和世界培养领袖。随着时间的推移,耶鲁大学又提出了它的基本使命:保护、传授、推进和丰富知识与文化。这几个关键词,高度概括了现代大学的基本职责与使命。"假如使命只有'传授知识',那么它就对美国近4000所大学与学院都适用;若加上'推进和丰富',只有3%的大学能够胜任;再加上'文化'二字,就只剩1%;至于能够涉及'保护知识和文化'的,只怕不足3‰。"②因此,杨福家院士认为,"大学的使命要有差别,如果一所大学的使命什么学校都能用,那它的表述就不很贴切了。"③

大学公共艺术建设必须建立在这一认识基础之上,即充分体现和反映每一所大学的使命与理想。我们说,大学公共艺术是大学文化场中的最具魅力、最具文化表征和影响力的因素之一,它是以艺术的物化形态,使大学文化和大学理想实施影响、产生辐射、生发效能的一个特殊文化生态圈。大学理想是"有关大学的看法、观念和价值取向",是"人们对大学未来发展的态度、要求、愿望等主观意向",同时,"是人们关于大学未来

① 封钰:高校校园景观建设的文化内涵和原则.《江苏高教》.2008(6)
② 杨福家:大学的使命与文化内涵.《学习时报》.2007-09-02
③ 杨福家:大学的使命与文化内涵.《学习时报》.2007-09-02

应当出现的状态的预设和期望。"①对于大学理想这样的愿景与期望,大学人以何种方式进行表达?除了文字的描述之外,公共艺术的表达方式,即是一种可以将之外化于形、内化于心甚至固化于制的方式。

因而,当代中国大学的公共艺术建设,首先是从校园建设的角度还是大学文化发展的角度,其重大意义都在于它承载的是大学人的理想追求和生动形象,它不仅仅是一件件艺术精品,更应当是具有大学特色和文化象征的精神载体。

(二)如何在大学文化传承中,反映大学人的精神追寻和认同,体现大学公共艺术的责任及品位。

当下,大学教育及大学校园风貌日益丰富多彩,即便是西方有影响力的大学,也在时代的发展中面临着新、旧文化的冲突与抉择。美国卡耐基教学促进基金会主席波耶(Ernest Boyer)十多年前曾撰文分析美国大学校园演变中的趋势②,他的预言随后很大部分都得到显现:如他指出美国大学管理者将采取干预立场,学生家长也不再容忍大学校园的紊乱蔓延;他观察到美国校园的生活气氛正在消失中,师生之间、教职员与行政主管之间渐渐缺乏一种共同的理念与远景,各忙各的;他认为通识教育将会受到普遍重视,等等。其实,在世界高等教育的多元化发展与走向中,越来越多的问题都反映在大学文化传承中理想与现实的冲突,以及大学人精神追寻过程中的迷惑和不适应。

中国的高等教育发展何尝不是如此,甚或情形更加严峻。德国哲学家亚斯贝尔斯在《什么是教育》中说:大学是研究和传授科学的殿堂,是教育新人成长的世界,是个体之间富有生命的交往,是学术勃发的世界。近年来国内大学的校园建设日益宏大,建筑规模和档次都堪称世界一流,但是无形的大学文化传承却淹没在轰轰烈烈的建设声中,这多少让人感到不安。在这种情况下,大学的文脉根基松动了,需要重新夯实生长的土

---

① 赵婷婷:大学何为——理想与现实间的冲突及协调. 北京:高等教育出版社. 2005
② 郭为藩:转变中的大学. 北京:北京大学出版社. 2006

壤,需要大力度地培植安放大学精神、大学人核心价值的文化森林。大学公共艺术,即是这片森林中的种子、果木和溪流,它是大学校园里的精神食粮和营养液,是大学人的心灵向往和精神慰藉。

因而,当代中国大学的公共艺术建设,应当在文化传承中尽量反映大学人的精神追寻和文化认同,同时也要具备良好的艺术品质,体现其自身的公共艺术文化传播功能。

(三)如何在大学校园建设中,认识大学公共艺术的位置,建立有效的决策、建设和保障机制。

"教育是心灵的艺术",亚斯贝尔斯认为,"教育本身就是意味着:一棵树摇动另一棵树,一朵云推动另一朵云,一个灵魂唤醒另一个灵魂。"除了课堂内外的教育教学活动,大学文化特别是高品位的大学公共艺术,即可是那前一棵树、前一朵云、前一个灵魂。其实,从教育本身的固有条件出发,大学校园需要有相当于大学人个体数量的大片适应性环境,大学公共艺术的塑造应形成和鼓励知识的获取、创新的体现、文化的延续和审美的养成。"作为21世纪的校园,如何把校园室外环境与景观设计到位并实施是一项很值得研究的课题。眼下,我们面临一个很现实的问题:除了少数新建的大学外,当代科教建筑都是在老校园或科技园区内建设的,无论是新建、扩建还是改建,它们都处于特定的环境下,面临自身的定位与塑造外部新环境的双重任务。"①

大学校园的总体形态特性的构成关系到一所大学的成熟程度,空间形态的文化性、艺术性、宜人性、丰富性,无论从宏观空间布局还是到微观细部处理,都应该渗透并贯穿在整个校园公共艺术建设之始终。如何在功能与形式的完美结合与互为补充中,进一步反映大学人共同的精神指向,是大学公共艺术建设面临的重要考验。

因而,应该在校园建设中突出大学公共艺术的位置,建立既符合大学人精神需求、体现大学发展文脉、倡导大学文化发展方向,又能够以人为

---

① 王文卓:21世纪校园环境与景观设计.《西安联合大学学报》.2002(02)

本、具有形式与内涵双重亲和性、多样性的大学公共艺术决策、建设和保障机制,使大学公共艺术在时间的长河中最终实现其预期的建设目的,成为真正意义上的文化的"景观"。

二、大学艺境及其涵义

(一)问题的提出及概念界定

在传统文化与现代文化的交织中,大学的发展呈现出许多新的面貌和特征。高科技、全球化、网络化、商业化、产业化、虚拟化等等,率先在大学校园中产生涟漪,对大学人的学习工作和生活方式造成不同程度的冲击。上述特征也一定程度导致大学人的心灵景观发生了变化,大学校园的文化景观产生了位移,大学本应固有的那种特殊的"韵味",在传统、现代与后现代思潮的冲突中,正在处于衰落境地。

这并非危言耸听。面对时代的喧哗与噪音,大学这块净土似乎正被世俗不断地解构,被行政化,被边缘化,被功利化。问题是,世俗文化试图解构大学的一切,那么被解构后的大学怎么办?大学如何坚持自身的标准与底线?大学用什么样的方式与手段才能守住理想实现无愧于时代的文化传承与创新?

审美是克服文化异化的力量。李泽厚先生说:"作为所谓审美对象化的艺术,从古至今,并不只有审美作用,它更主要是社会功利的……它们作为精神信仰、寄托,费时费工地被人为制作出来,我称之为'物态化生产',即精神生产,与供人们现实生存的'物质生产'相映对。"①据此,我们能否推断,作为审美对象化的大学公共艺术,是不是可以克服大学异化的重要力量呢?如果是,我们又将如何凭借其力,使之作为大学的精神信仰而更大地发挥效用呢?答案应该是肯定的。面对文化异化的巨大危险与冲击,大学必须决然地竖立一帜审美的精神之旗,守住本身固有的特殊"韵味",并不断营建、扩大这阵地,使大学校园保持一种公共的、文化

---

① 李泽厚:审美与艺术.《艺术状态》.2009(01)

的、纯粹的、艺术的境界,与世俗、浮躁和功利等抗衡。

在此,笔者将大学校园中固有的特殊审美韵味,那种融合大学文化演进过程中审美变迁与时代美感的综合氛围,即校园中公共的、文化的、纯粹的、艺术的境界,定义为大学艺境。实际上,大学艺境是大学文化场的特殊重要形态,即大学公共艺术场。因为,公共艺术在大学文化场中无处不在,它以不同的方式和形态产生审美艺术效应,从而积聚形成大学校园中最具魅力、最有影响力的文化艺术场强。当大学公共艺术场的关联性、渗透性、辐射性、开放性等特征在时间的长河中得到伸展,它作为艺术审美"能量函数"的效应内化到大学文化的土壤和文脉中,大学公共艺术场就转化为一种境界的表征,形成校园中某种公共性的、潜在的艺术的境界,即大学艺境。

提出大学艺境的概念,是为了更加鲜明地突出艺术及审美在大学建设发展中,特别是当大学的发展进程面临文化异化危机、面对现实的冲突与抉择时的重要意义和作用。而且,大学艺境,是大学发展氛围的内核之一。

这一点,艺术氛围已经十分浓郁的哈佛大学,也有非常深刻的认识。2007 年 10 月 12 日,哈佛历史上第一位女校长安德鲁·福斯特(Andrew Foster)正式上任,11 月初她即召集了一个校级的艺术特别工作委员会(Arts Task Force),就艺术在哈佛的发展中究竟应该扮演什么样的角色、处于什么样的地位,进行了全面考察调研。① 因为她认为,虽然艺术在哈佛历来占有重要的地位,但"多年来,哈佛尚未全面思考大学与艺术的关系,或者说,尚未系统地定义艺术所能达到的目的或者所能带给人们的机遇","艺术在众多哈佛师生的生活中扮演着核心的角色,但它们在大学生活中的角色仍然不够确定,也未被人们定义。"2008 年 12 月,该委员会发布了《特别工作委员会艺术专题报告》,开篇即鲜明地提出:"如果我们希望校园内充满了创新与想象力,如果我们要在所有学科领域教育并培

---

① 郭英剑:艺术必须成为哈佛大学认知生活的组成部分.《科学时报》.2009-02-17

养创造性的心灵,如果我们要为21世纪做出贡献,那么,哈佛就必须使艺术成为这所大学认知生活的组成部分:因为,与科学、人文一道,艺术——既是体验性的又是实验性的,是无可替代的知识手段。"在这份报告中,哈佛大学得出了"艺术乃大学教育的核心之一"的理念,必将对世界高等教育产生深远影响。

可见,即便是哈佛大学这所著名的世界一流学府,也承认自身对艺术的重视程度还不够,还需要以新的理念、新的形式、新的方法,进一步提升艺术在大学中扮演角色的分量,促使所有哈佛人更加重视和加强大学艺术的存在。可见,充分重视艺术在大学发展中的重要作用,将艺术置于大学校园中应有的位置上,着力构建现代大学的艺境,既符合时代发展和高等教育改革发展的潮流,也是大学文化创新发展、大学人自身全面发展的本质要求。

2. 大学艺境的特征

既然大学艺境是大学校园中公共性的、潜在的艺术的境界,那么,它就注定不是少数人的专属。当然,本文确立大学艺境的一个重要目的,是给大学的顶层设计者、决策者、主要管理者提供理念参考,这些很大程度上决定大学前途和命运的"少数人",其实更应该提出对大学发展具有建设意义的理念,并将这些理念变成可操作的大学制度和建设实践。本文提出大学艺境是大学发展氛围的内核之一,其根本在于揭示在大学发展进程中长期被忽视的文化艺术因素,期望引起更多的管理者重视,从而从整体的层面考虑和推进大学艺境在未来规划中的协调性、适应性。

从广义上讲,大学艺境应该是包含公共艺术、音乐、文学、设计、表演、建筑、教育、视觉识别等诸多领域在内的复杂文化体系在校园环境中的动态反映。本文所说的大学艺境,是狭义的大学艺境,它的承载主体是大学人,它的传播重点是艺术的文化性、审美性、公共性,即一定程度上可等同于大学文化视野中的大学公共艺术,这是由当代中国大学的文化特征及功能缺失所决定的。

狭义的大学艺境,一般来说包含以下三方面的典型特征。

一是文化气息。大学公共艺术只有以某种方式内化为大学的文化气息与传统,才能发挥其作为大学艺境有机部分的功能和作用。比如,早年的北京大学建在故宫的东北角被称作沙滩的地方,1952年校园迁到北京西郊海淀镇东北部与圆明园、颐和园毗邻的燕园。今天的北大校园中,有一尊庄严肃穆的老校长蔡元培塑像,时空转换了,沙滩红楼与燕园虽今非昔比,但置身于此艺境中,总会让人联想到早期北大作为中国新文化运动的发祥地的老校园,以及蔡元培先生"思想自由,兼容并包"的思想催生的中国高等教育之端倪。这就是这尊人物雕塑所浸透出的文化气息,它以公共艺术的形态延续着北大的精神文脉,以文化的名义将地理环境和时间的距离囊括在特殊的大学艺境之中。

二是审美韵味。大学艺境的形成一定是依附于特定的大学公共艺术作品个体或集群的,它往往是以艺术的审美功能来鼓舞或影响大学人群体的心灵感受,并在相向传播的过程中使受众体味艺术审美的潜在韵味。这种审美的韵味及特性既可以是外化的,也可以是潜在的,应是大学公共艺术构建大学艺境的基础。如果一件大学公共艺术作品抛开了起码的艺术审美韵味,那它带给校园环境的只能是视觉、知觉的污染,艺境之说更无从谈起。

三是精神指向。大学艺境的承载主体主要是大学人这个特殊的群体,大学艺境一方面便是由他们营建、为他们创建的;另一方面,因为大学艺境是由大学人营建、为大学人创建的,那么它必然要反映和指向大学人的精神理想与价值取向。毫无疑问,在传统与现代文化的对抗、博弈与冲突中,大学艺境中的那些具体的公共艺术作品,蕴涵了大学人在科学精神与人文精神上的认知、认同,甚至是期待、愿景,固然,也是以艺术审美的方式表达大学精神"物化的意识"和大学人理想追求"诗化的情景"的精神指向。

三、大学艺境构建的启示

一定程度上,大学艺境反映的是大学文化历史进程中的审美变迁与时代美感召唤的融合。大学艺境的构建是非常珍贵和必要的。大学发展的历史步伐走到今天,我们可以预测:艺术,将会是这个时代影响大学发展的最重要的力量之一。大学艺境,不仅仅是大学校园中美化的、艺术的环境,它更是一种新的理念和文化取向,是大学人的审美价值观,是超越大学文化历史传统和自然传承的文化发展观。我们要使大学艺境的构建成为大学文化战略意义上的共识,必须树立以下四种观念。

1. 树立衔接传统与未来的观念。大学艺境总体布局中的公共艺术,除了要体现审美韵味、艺术性,成为校园空间中美的元素及点缀之外,它们同时应更好地担负起文化传承的功能,成为艺术地衔接传统与未来的文化载体。规划完善大学艺境总体布局,首要的因素就是要充分考虑大学文化景观形态的主要功能,即对大学精神文化传统的继承和弘扬,以此为基点展开对大学艺境细节构成的完善、补充和丰富,使大学的文脉和气质风貌得以彰显。

2. 树立战略选择与规划的观念。大学艺境是大学发展氛围的内核之一,应将其作为高校发展战略的重要组成部分,并提升到促进大学可持续发展的必要文化支撑条件的战略高度。大学艺境营建是一种历久弥新的文化积淀过程,大学公共艺术建设的程度决定着大学艺境定位、高度和走向,对大学人的全面发展有着积极的影响。对大学艺境总体布局进行战略定位和整体规划,合理科学地策划、安排大学公共艺术的题材、方式与表现形态,根据长远目标制定阶段性任务,做到总体规划、分步实施,使公共艺术发挥艺术审美的辐射、激励、持久、娱乐等功能,是大学自身发展的战略需求和选择。

3. 树立注重特色与品质的观念。特色是指格外突出的风格或特点,加强一所大学艺境总体布局中的公共艺术建设,一是必须突出这所大学特色鲜明的文化风格与特征,使其成为该所大学的特定艺境内涵而不与其他高校雷同;二是必须突出公共艺术的格调和品位,确保其艺术品质、艺术功能与形式的完美结合,使其在美化校园环境的同时陶冶大学人的审美情操,将大学文化的个性、特色与生命活力,渗透在大学人的心灵深处,内化为一种自觉的行为方式。

　　4. 树立以人为本与生态的观念。大学文化是所有大学人存在和活动的方式,大学校园是大学人的校园,加强大学艺境总体布局中的公共艺术建设,必须坚持以人为本,一切从师生的文化艺术需求出发,承载大学的使命与理想,着眼大学文化生态建设。近年来,大学建设中的生态观念,已日益引起人们的重视,"除了要创设'绿化、美化、人性化'的大学教育环境外,更要深层次地推进教育管理亲情化、教育形式交互化、教育方式人性化、学习方式个性化,营造教育的绿色空间和健康的生态空间。"①我们在构建大学艺境的过程中树立以人为本与生态的观念,将促进大学公共艺术建设和传播体系既保持着内在的稳定性和独特性,又能在整个大学系统良性运作、创新前行的同时,与大学之外的文化艺术系统相呼应,持续保持旺盛的艺术创造活力和生命力,反过来进一步深化大学艺境的内涵建设。

　　原载《西安交通大学学报·社会科学版》2010 年第 4 期;《新华文摘》2010 年第 23 期"论点摘编"栏目转载。

---

　　① 丁钢:大学文化与内涵.合肥:合肥工业大学出版社.2006

加强大学公共艺术建设与传播

一、加强大学公共艺术建设及传播的现实意义

现代大学发展的一个显著标志是知识和文化的创新及传播,在很大程度上已融合为高等教育的核心与主题。在以往知识传播及创新的基础上,文化在大学发展进程中的作用日益突显。一方面,大学作为特殊的社会创新型组织,其本身具有文化的表征和特性,大学文化是大学的精神之源,是大学发展的灵魂,大学的生命力、核心竞争力在于其文化的活力;另一方面,大学承担着传承文化、创新文化的历史重任,在整个社会先进文化建设体系中,具有示范和引领的功能,这使大学的职能除了人才培养、科技创新、社会服务之外,在大学自身和社会的进步中将更加注重文化传承、文化创新的使命。

随着我国大学文化建设的逐步深化、多元与开放,人们对大学文化及其建设的系统性认识也进一步深入,对大学文化各组成要素功能的认识进一步扩展。大学文化体现于办学理念、教育方式、组织形式、管理制度、办学目标、校风学风等方面。但由于办学历史、文化传统、学科专业、知识沉淀等不同,每所大学都有自己的办学模式和风格、气质,因而大学文化又有差异性。从这个意义上说,文化个性和特色是大学的生命。

大学公共艺术属于大学文化中最直观显现的物质文化环境内容,是一种以大学精神为底蕴、以艺术表现为手段的重要文化要素,它同时作为一种物质文化载体向公众特别是大学人传达着精神范畴的内容。人们进入大学校园，首先接触和感受的是校园物质环境，如教学科研楼宇、林荫道路、花园广场、活动设施等。但校园环境中最引人注目、最能打动人心，同时也是最能反映一所大学文化特质的，则是大学公共艺术建设状况，包括校园公共雕塑、文化景观、博物馆、艺术馆等。因此，大学公共艺术直接体现着大学的文化个性和特色，体现着大学的精神文化传统，也直接体现着一所大学校园的艺术氛围与文化品位。

加强大学公共艺术建设及传播具有多方面的现实意义。一是以艺术表现的方式进一步强化大学文化建设的示范性、辐射性、持久性和普适性，对大学人的全面发展和国民素质进一步提高都有着积极的影响；二是高品位的大学公共艺术作品具有教育导向、激励调节、品质优化、传承交融等作用，有利于增强大学人的进取心和凝聚力；三是，大学公共艺术是培育和弘扬大学精神文化的重要载体，有利于培养人、塑造人，有利于扩大学校的社会影响和提升大学的良好形象。高校应在坚持大学文化共性的基础上，繁荣大学公共艺术建设，积极培育能够反映自身独有精神和文化特质、富有生机活力的个性文化。加强大学公共艺术建设及传播，是大学文化发展的需要，是大学自身发展的战略需要，对大学人、高校、社会和国家的发展都具有积极作用。

二、大学公共艺术建设及传播的原则与方式

公共艺术建设及传播是社会文化建设的重要方面，公共艺术的显性直观、参与互动、意象丰富等特点，直接反映着社会的文化价值观和公众的精神诉求，这使得文化的抽象与内涵变得更加深厚、生动。同样，大学公共艺术建设及传播是大学文化建设的重要方面，将大学公共艺术的观念纳入大学建设发展体系，作为和谐校园建设的一个重要组成部分，对大学公共艺术的建设、传播与发展提出预期，使之成为培育和弘扬现代大学精神的一个有机整体，成为衡量大学办学特色、文化氛围、综合实力的重要指标，是大学内涵发展的紧迫课题。

笔者认为,当前我国大学公共艺术建设及传播应坚持统筹规划、整体协调、突出个性、格调高雅、促进发展的原则,以科学精神与人文精神的融合及弘扬为主线,注重对学校精神文化的艺术抽象与凝练,注重大学人的精神需求和建设成果预期的艺术审美价值、科学人文价值、校园生态价值和历史文化价值。具体说,要加强以下三方面的工作。

1. 编制大学公共艺术建设规划。大学公共艺术建设规划直接关系到大学校园的整体格局,涉及一所大学的历史、现状、文脉、空间、生态、特色、内涵等。建设什么样的大学公共艺术作品,营造什么样的大学人文艺术氛围,规划什么样的大学公共艺术生态环境,值得高等教育管理者认真研究、深入思考。长期以来,我国大部分高校都非常重视校园基本建设,一部分高校也开始着手制订文化建设规划,但大多只是从原则和总体方向上编制建设内容大纲,而不是从大学文化发展的视角制定具有指导价值的公共艺术建设理念与规划。当前一些大学涌现出了一批优秀的大学文化景观成果,但也出现了急于求成、不尊重艺术创作规律、公共艺术作品所蕴含的教育和艺术审美功能弱化等现象,缺乏校园公共艺术建设的长期性、可持续性和整体协调性。

大学公共艺术建设规划的制定,应着眼于两个主要方面。一是要明确与学校战略发展规划和校园基本建设规划相一致的公共艺术建设理念,二是在宏观的把握和总体的控制上,既要注重建设内容的空间、区域、点位的硬件布局,更要注重建设项目的艺术思路和题材选择等,要进一步增强对建设项目的教育性、文化性、艺术性及审美性的认识。

2. 强调大学公共艺术建设策划。策划就是用公共艺术的思路,将具有公共性的当代公共艺术概念,落实到大学公共艺术建设的每个阶段、每个点位,纳入大学公共艺术建设规划的整体格局中。只有这样,大学的精神文化传统和内涵才能很好地融入校园空间,物化在每一件公共艺术作品中。策划就是为规划出思想、出智慧、出策略、出方案,使规划的理念和宏观性条款得以落实,具有活力和超越时空的价值,变得具有可操作性,使规划落地。好的策划可以避免规划停留于形式和空洞,使大学公共艺术的终极价值追求与环境达到和谐统一,与办学理念、文化精神高度契合。

做好大学公共艺术策划一定要深入了解这所学校,真正理解大学的传统和精神实质,了解大学的特色和规律,把握学校的过去、现在和未来。还要具有良好的艺术修养和艺术创作知识素养,在公共艺术的策划中融入艺术独有的精、气、神,达到丰富和提升校园人文内涵的目的。譬如,在大学校园的中心区域或重要节点,按一般的观点或惯例可能规划建设与学校有历史渊源的某个伟人、英雄或有突出贡献者的塑像,这种题材是丰富的、无可厚非的,也是比较省事、不会引起争议的做法。问题是,大学的文化特性要求其校园公共空间还应具备引领社会文化的独特审美,给人以更为丰富的美学感受与体验。因此,按照公共艺术的价值观来策划,这个重要空间节点可能是这所大学的独特精神或文化内涵,或大学人普遍关注的科学与人文融合的题材,甚至是大学人日常生活的艺术反映,使大学人或社会公众不经意地在学习、工作、生活和参观的过程中,感受到艺术的存在。

3. 注重大学公共艺术建设细划。细划则涉及每一个具体的建设和操作方案,是规划落到实处的基础性工作,是促进高雅艺术进入大学校园公共空间、对大学人的发展产生潜移默化影响的保证。一所大学到底营造什么样的审美环境,除了公共艺术建设规划本身的不同之外,在操作实施过程之中也具有很大的差异性。大学公共艺术建设的细划不仅仅是规划中校园空间布局、题材类型与数量、学校历史文脉的细划,还应该是反映大学人艺术价值观、体现公共艺术发展原则、完善建设资金渠道和评审机制、落实建设长效机制和健全各项法规的细划。

一般而言,大学公共艺术建设细划的一个重要原则就是从方案征集、设计建造开始,就必须对大学人公开,这可以有效避免当下某些大学公共艺术建设只是反映了决策者个体审美情趣独语的现象出现。因为公共艺术最终要面对可以分享公共空间资源的每一个人,将大学公共艺术建设方案向师生公众公开征求意见,让大学人获得知情权并亲身参与其中,这也是体现公共艺术内涵和扩展大学文化共识、实现更大发展的一种积极方式。譬如，北京航空航天大学在图书馆广场建设的载人航天精神主题雕塑《铭》，从学校航空航天特色和育人视角出发，从设想提出、公开征集建设方案、网上发布投票、重点征求包括载人航天工程部门在内的各方面意见等环节开始，对这件关乎学校形象、公共精神、审美标准的大学校园公共艺术进行反复衡量、修正，最终较好地以"门""竖琴""中国印"等现代雕塑材质与语汇为主体造型，将载人航天工程中北航的杰出校友镌刻其中，融合了学校独特的文化底蕴和航天事业的精神内涵，是我国竖立的第一座载人航天精神主题纪念雕塑，也是较好地体现大学公共艺术建设规律的成功案例。公开征集的意见实际上给了学校决策者、建设者一个修正和尊重公众的机会，体现了大学人作为和谐校园建设主体的参与性、认同感与价值观。

三、加强主旋律公共艺术建设与传播是培育和弘扬大学精神的重要环节

大学公共艺术建设规划是学校公共艺术建设与传播的依据，加强大学主旋律公共艺术建设与传播，是培育和弘扬大学精神的重要环节。在实际操作中，必须在深入研究、疏理大学精神文化传统和办学特色的基础上，以大学的发展文脉来定位某一特定位置的公共艺术题材，做到题材不错位不重复，不大题小做、小题大做，使公众从中了解到大学的艺术氛围、品质追求、特色定位，彰显学校的特质。

近年来，北京航空航天大学继承和弘扬以北航精神为核心的文化传统，不断创新文化育人机制，制定规划、形成体系、构建平台、突出亮点，分层次、有步骤地加强学校文化的硬件和软件建设，在办学理念认同、管理制度建设、学术环境营造、文化品牌形成、校园环境优化、文化教育和科研基地建设等方面形成了标志性成果。学校提出，系统规划、整体推进、分步实施主旋律公共艺术建设以及加强大学艺术馆、博物馆建设，是当前高校文化职责与承担的重要体现。因此，学校重点在以下两方面进行了探索和实践，取得了良好效果。

1. 突出加强主旋律公共艺术作品建设。注重将以办学理念和校训、校风为核心的北航治学文化用公共艺术的形式进行表现和固化，营造校园环境的艺术氛围，提升文化建设的特色、质量与品位，是北航一段时期以来文化建设工作的重点。本着"校园景点里有、宣传媒介里有、师生意识里有、实际行动中有"精神文化内容、要求和目标的思想，进一步加大了公共艺术作品建设力度，征集并新建了一批与校园环境融合、艺术品位高的主旋律公共艺术作品，丰富了学校的文化内涵。如办学理念主题雕塑《世纪之声》《校训树》，载人航天精神雕塑《铭》，体育精神雕塑《永恒的搏击》，艺术雕塑《时代轮》《协奏曲》，钱学森、杨为民、冯如铜像以及《校风校训》《律动》《荷和图》壁画等数十座既有较高艺术品质、又有北航文化内涵的主旋律艺术作品，起到了校园公共艺术潜移默化、"外化于形、内化于心"的良好教育效果。

2. 以高品位的艺术展览传播人文和科学精神。学校于 2006 年 5 月创办的北航艺术馆，定位是一个"公益性、专业化、高品位"、面向师生和社会观众免费开放的公共艺术空间。成立两年多来，学校坚持"灵感需要空间、想象插上翅膀"的办馆宗旨，以连续不断的高品位艺术展览发挥文化育人功能，对广大师生和社会观众展示公共艺术之美、进行艺术素养教育，迄今已连续举办了 40 多次展览，其中达利、毕加索、吴冠中等国内外重要艺术家的艺术作品、传统文化和民间艺术精品、学校师生的艺术与科技作品等，前来参观展览的观众累计已达数十万人次，还建设了北航艺术馆网站。配合奥运举重比赛在北航举办而成功策划的"2008 北航艺术馆当代艺术邀请展"，是一次展示人文奥运内涵的艺术盛会，参展的 40 多位艺术家的 70 余件作品受到广泛好评。教育界、新闻界普遍认为，北航艺术馆作为一个将高雅艺术引入校园、促进艺术与科学交融的大学文化阵地，以其连续不断的公益性、高品位展览，拓展了高校的公共教育职责与影响，在全国高校独树一帜，对于从文化的视角考察当代中国大学的社会职责与承担，有着标本式的启示与意义。

笔者以为，现代大学精神的培育发展，是我们在建设高水平大学的进程中,应始终重视和加强的重要方面。加强大学公共艺术建设和传播,是我们推进大学文化建设、培育和弘扬大学精神的重要环节和有力保证。以北航为例,今后将进一步强化大学文化建设的基础性、战略性和前瞻性地位,整体规划建设校园公共艺术景观和加强公共艺术传播工作,做到传统与发展相衔接、规划与建设相配套,建立和完善校园公共文化服务体系,循序渐进、加强统筹,形成定位明确、区域合理、环境协调、品位高雅的校园文化环境布局,为大学文化发展提供有力的载体与平台支撑。

原载《北京教育(德育)》2008 年创刊号,原标题为《加强公共艺术建设与传播　培育和弘扬现代大学精神》。

弘扬学校文化特色　提升大学艺境品位

近年来,北京航空航天大学将切实推进大学文化景观建设作为培育和弘扬大学精神的重要载体,以科学精神、人文精神和大学精神的传承及融合为主线,注重两校区办学模式下文化景观建设的协调同步、继承创新,用公共艺术的手段提升"大学艺境"品位,每年都有标志性、特色型文化景观项目建成或实施,先后组织新建了 30 多件与校园环境融合、艺术品位高的主旋律公共艺术作品,较好地实现了大学文化景观建设预期成果的艺术审美价值、科学人文价值、校园生态价值和历史文化价值。

一、凝练学校精神传统,明确文化景观建设思路

进入新世纪以来,北京航空航天大学从文化建设和发展的战略视野出发,进一步凝练、梳理了师生员工高度认同的北航精神、办学理念、校训、校风等治学文化和教育理念,形成统一认识,将"敢为人先、爱国荣校"作为北航精神的具体表述,是全体北航人的精神支柱和学校的文化内核;"尚德务实、求真拓新"是北航的办学理念,反映了北航的办学传统和办学特色,是学校办学和发展的基本理念与师生共同的思想基础;"德才兼备、知行合一"是北航的校训,是师生广泛认同的做人做事的行为和准则;"艰苦朴素、勤奋好学、全面发展、勇于创新"是北航的校风,是学校精神面貌的具体体现,也是学校凝聚力的重要组成部分。

近年来,北航将推进大学文化建设当作一项基础性、战略性、前瞻性

的工作,不断创新文化建设和文化育人机制,率先在全国高校制定了文化建设长远规划。在文化建设实践中,学校高度重视大学公共艺术建设和传播,认为高水平、高品位的大学文化景观在大学发展中具有十分重要的地位和作用,从关注大学人个体发展和大学文化景观创设理念的层面上,提升大学文化景观的艺术性、创造性与能动性。

北航坚持"统筹规划、整体协调、突出个性、格调高雅、促进发展"的原则,本着"高品位、高标准、高起点"的要求,统筹规划学校文化景观的整体布局,将扎实推进大学文化景观作为文化建设工作的重中之重,承载教育特别是美育功能,体现公益性和覆盖面,初步形成了具有北航特色的大学"艺境"。

二、承载师生理想意志,扎实提升大学艺境品位

北京航空航天大学的文化景观作为学校精神与文化不可或缺的重要载体,其特色及成效主要体现在四个方面。

1. 大学精神和治学文化景观"外化于形、内化于心",承载师生理想意志。

近几年北航文化景观建设的一个显著特征,就是注重表现和增强公共艺术的精神文化内涵,将大学精神和治学文化的内核"审美化""景观化",在创设实践中将北航的历史、文脉进行充分挖掘,让师生从文化景观中体会到学校文化传统的意蕴,营造一个拥有浓郁精神含义的治学、求学环境。这种建设模式,一方面尊重了学校的文化传统和历史变迁,另一方面也丰富了大学文化的内涵与意境,以公共艺术景观的形态承载北航人的理想、价值与意志,并将其艺术地"外化于形、内化于心",在校园时空中形成特殊的精神与文化传播场。

如《校训树》雕塑、办学理念主题雕塑《世纪之声》、校风校训壁画《我们的传统》等,艺术地反映了学校的精神文化特质,是比较典型的大学精神和治学文化景观作品。

2. 专题性纪念雕塑景观"延续记忆、凝重大气",反映学校鲜明特色。

学校专题性纪念雕塑景观表现的内容,既有学校发展历程中的重要事件、涌现的杰出人物,也有国家航空航天等领域发生的标志性事件、出现的重要人物。这些文化景观的创设,无疑彰显了学校的文化特质,生动地延续和丰富了师生对学校历史及社会宏大历史背景的文化记忆。

如载人航天精神主题雕塑《铭》《钱学森铜像》《冯如铜像》,体育雕塑《永恒的搏击》,奥运精神雕塑《合力》等作品,是比较典型的校园主题性纪念雕塑,以凝重大气的公共艺术形态,拓展了大学文化景观的内涵。

3. 艺术创意思维雕塑景观"激发灵感、富于想象",提升学校艺境品位。

高品质的公共艺术作品的一个重要功能,就是能激发人的灵感、丰富人的想象,给人以精神的愉悦与审美享受。北航近年来建设的多个艺术创意思维雕塑,无论从内容创意、形式表达还是艺术风格,都较好地体现了公共艺术创设的审美特征。

如校友捐建的艺术雕塑《协奏曲》《时代轮》,法国著名艺术家的雕塑作品《风之舞》,抽象雕塑《契合》等,构筑了一个个使人生发无限联想的创意思维空间,提升了校园文化品位及大学艺境品质。

4. 沙河新校区的文化景观规划与实施"彰显特色、艺境深远",与学校精神文化传统一脉相承。

北航沙河校区位于北京昌平区沙河镇,距离校本部20公里,功能定位为突出基础教学发展、科技创新和高层次人才培养,承担北航本科生一、二年级的办学任务,建设"航空科学与技术国家实验室"等。2010年9月正式投入使用,2010级首批新生顺利入住。

学校在加强沙河校区基本建设的同时,切实推进文化景观建设规划,在组织实施中注重充分体现北航的精神文化氛围与特色,建设了一批与校园环境相协调的标志性文化景观精品。

首先,北航精神和治学文化景观建设"气势恢宏、融于环境"。把北航的治学文化用公共艺术景观的形式进行表现固化,是沙河校区文化景观建设的首要任务。为使学校文化不因地理空间的距离而出现断层,在新校区中竖立体现北航精神文化传统的公共艺术作品,是沙河校区文化景观建设的迫切要求和核心内容。主要包括在校园中心广场复制、放大办学理念主题雕塑《世纪之声》;在中心湖区复制、放大校训主题雕塑《校训树》;在学生宿舍区新建北航《文化石》;在教学楼群文化广场墙体上新建北航校歌《仰望星空》主题浮雕。

其次,科学精神主题园建设"蕴涵真理、追寻梦想"。沙河校区将建成一座蕴涵中国传统文化之美、体现科技发展理念的园林式研究型大学校园。为此,学校在其中三片园林区域整体规划"科学精神主题园",抽象出科学探索中三个最基础的概念,设计"时间花园""空间花园""生命花园"等主题式花园,表现科学精神与人文精神的生动主题。目前,"生命花园"中已建成《天音火凰》《擎》两件公共艺术作品,其他内容将在"十二五"期间逐步建设实施。

再次,军工文化长廊建设"弘扬特色、展望未来"。以"追溯军工发展足迹、弘扬军工精神传统、展示军工文化底蕴"为宗旨,在沙河新校区教学楼群下沉式花园墙体建设军工文化主题长廊,主要包括两组浮雕:反映航空航天科技发展历程的主题浮雕《翱翔的历程》,以及科学与艺术主题浮雕《异质同构》,较好地营建了一种传统与现代交相辉映的浓郁艺术氛围。

三、体会与思考

大学文化景观建设是一项跨领域的文化建设实践活动,在大学文化视野中整体把握其建设规律与机制、提升建设水平与成效,是每一所大学建设发展过程中无法回避的问题。

首先,要注重公共艺术的显性直观、参与互动、意象丰富等特点,以圆雕、浮雕等多种手法及表现形态使办学理念、校训、校风、学风等大学精神文化传统变得更加深厚、生动。

其次,要注重发挥高品位的大学文化景观作品的教育导向、激励调节、品质优化、传承交融等作用,通过主题创设、校友和社会捐建等多种方式,以丰富多样的公共艺术表现形态,进一步发挥大学文化建设的示范性、辐射性、持久性和普适性。

再次,要注重科学精神、人文精神和大学精神的培育和融合,特别是在多校区办学条件下的文化景观建设中,应确保基础设施建设与反映学校特色的文化景观建设同步、协调,让每个校区都体现浓郁的大学精神与校园文化氛围,有利于培养人塑造人,提升学校的文化形象。

原载《北京教育(高教)》2011 年第 5 期,该项目获评 2010 年度全国高校文化建设优秀成果一等奖。

校园景观:大学精神的内化

　　文化特征,是现代大学的本质特征,大学发展本质上是一种历久弥新的文化积淀。如何让文化视野真正走进中国高等教育的现实,大学公共艺术教育、大学公共艺术建设及传播的研究,是值得关注的领域。

　　"文化是大学之魂",这是近年来在我国悄然兴起的大学文化问题研究思潮深入发展的过程中提出的一种崭新的大学哲学观。当前,美育在中国已被看作是实施素质教育与德育的重要手段之一,人们普遍认为美育即艺术教育,可以陶冶人的情操、激发人积极向上的情感、培养高尚的人文情怀与精神境界。

　　2008 年 12 月,哈佛大学出台了由该校艺术特别工作委员会历时一年写就的《特别工作委员会艺术专题报告》,突出强调了艺术在大学中的崇高地位。除了通过设置艺术类教育课程目标,帮助学生提高个人的艺术素养以及对创造性过程的欣赏水平,美国多数大学还十分注重利用有限的资源,特别是校园空间的公共艺术作品(包括永久性公共雕塑艺术、各类艺术与科技作品展览等),去创造高水平的艺术鉴赏与学习经验。这是一个提升学生艺术素养教育的最基本要素——校园公共艺术"大环境",它们对于学生在潜移默化中接受艺术审美教育、感知多彩而又复杂的艺术世界、融入大学的文化艺术传统之中是至关重要的。

　　校园公共艺术"大环境"在大学文化体系建设中的重要性,是毋庸置疑的。今天,大学中的校园环境,已经远远不是建几座楼宇、栽一片树林、种一些草坪、挖几个池塘那么简单。大学在其自身的发展过程中留下的历史印迹,很大程度上已内化为一种校园文化景观——那些浸透着浓郁大学内涵和文化韵味的治学、育人环境,让一代又一代的师生从中体会到厚重而丰富的精神支撑。从这个视角看,大学文化与校园景观的作用是相互的,大学文化通过校园景观来反映,大学文化改变着校园景观,而校园景观也作为大学文化的一部分,传承和延续着大学的精神与文脉。然而,正如有些学者所言,"现代大学建设者们更多地关注有形校园景观的物质构成,而对无形的大学文化内涵的景观表达则关注不够,许多大学校园景观养眼不养心,因为没有文化底蕴而使得校园景观缺乏个性与灵魂、空间趋同。"因而,从大学文化传承与创新的视角出发,研究考察大学校园景观的内涵、实质及规律,是一个十分急迫的问题。

一般认为,现代公共艺术的缘起始于 20 世纪 20 年代的美国。当时,为了促进文化艺术的福利建设及援助艺术家的职业生活,美国发起了一项委托艺术家创建巨大公共艺术的赞助方案,在几年时间里完成了 2500 余幅壁画,提升了美国城市及公共场所的艺术氛围和艺术品位。随后的几十年时间里,公共艺术的内容及形式不断丰富,逐渐发展成为社会公共环境中广泛存在的艺术与设计方式,包括雕塑、壁画、装置、景观、设施或公共展览、展示等,以其综合、整体、实践、多元等特征,正成为当代文化的重要载体,既是一种与公众互动、共享的审美方式,也是一种艺术家、设计师在公共空间里与公众进行交流、对话的艺术与设计样式。

中国当代公共艺术发端于 1979 年的首都机场候机楼壁画创作,但公共艺术的概念真正进入人们的视野、在中国的实际运用则始于 20 世纪 90 年代。如今,公共艺术在中国社会发展中,有着自己的生存空间和良好前景,开始了从规模到质量的转型,从文化传承以及社会的需要来考虑创意,营造中国意象,在形式、材料等方面不断革新,逐渐成为公共艺术探索实践的重点。

"大学公共艺术"建设主要包括两方面的内涵:一是大学文化景观(公共艺术景观)建设,如主题雕塑、文化景点等;二是构建大学美育的公共艺术空间,如大学艺术馆、博物馆建设等等。当前关于这方面的学术研究,大多从艺术学、建筑学、管理学、博物馆学的角度出发,还停留在项目建设本身,从大学文化视角开展的研究几乎还处于空白。

大学文化作为一个跨领域的理论体系,在许多方面的研究已取得一定进展,但是在大学公共艺术建设及传播等研究领域存在明显不足。大学文化作为一所高校赖以生存和发展的精神支撑,它不是一天造就的,它每天都处于积淀、传承和创新中。相信随着时代的进步和高等教育的发展,《大学意境:文化视野与公共艺术》一书中所涉及的大学文化与公共艺术交叉学科领域的应用基础研究,一定会引起更多学者和高等教育工作者的重视与关注。那时,倘若在文化、文化传承创新及文化建设的视野中考察大学,我们一定会欣慰于她富有个性特色和创造活力的生命体征,而大学公共艺术作为大学文化的"花朵",在理想与现实的冲突及抉择中,也必将通过其建设和传播实践,成为这个时代影响大学及大学人发展的核心力量之一。

原载《文艺报》2012 年 5 月 23 日"书香中国"版,系作者应约为专著《大学艺境:文化视野与公共艺术》(中国青年出版社 2012 年 2 月版)撰写的介绍文字。

加强大学精神塑造　推进文化传承创新

大学不仅是知识的守望者,更是先进文化的践行者、推动者。近年来,北京航空航天大学坚持把文化传承创新作为办学的基本元素,不断创新文化建设体制机制,培育和弘扬现代大学精神,着力增强文化软实力,打造了一批特色鲜明、精品迭出、影响广泛的文化品牌。大学文化建设和文化育人的"北航模式",受到越来越多的关注,文化传承创新已成为推进学校科学发展的强大动力和精神底蕴。

一、抓好谋篇布局,完善文化建设体系

大学文化是高校战略发展的重要组成部分,也是学校核心竞争力之一。在办学实践中,北航始终把文化传承创新摆在重要位置,坚持将大学文化建设当作一项基础性、战略性、前瞻性的工作,围绕学校育人的根本任务来进行,按照学校的发展目标定位,将大学精神的支撑、大学文化的传承与创新、科学精神与人文精神的融合,作为我们培养高素质拔尖人才、实现办学目标的基本元素。

(一)加强内涵特色建设,着力提升文化实力。

从战略高度充分认识发挥大学文化传承创新功能的重要性、紧迫性,增强做好文化建设工作的责任感、使命感,继承和弘扬以北航精神为核心的文化传统,牢固树立以"师生为本、科学发展、追求卓越"的文化建设思想,树立"文化育人"的理念与思路,倡导"大楼、大师、大爱"三者同步提

升,强调从精神文化、制度文化、物质文化、行为文化四个维度推动文化建设系统化、科学化,注重继承与创新相结合、科学精神与人文精神相结合、发展共性与突出个性相结合,着力推进文化建设外化于形、内化于心、固化于制,培育和建设特色鲜明、内涵丰富、支撑未来发展的大学文化。逐步建立起良好的校园公共文化服务体系,为校园文化活动提供有力的载体与平台支撑,在办学理念认同、管理制度建设、学术环境营造、文化品牌形成、校园环境优化、文化教育和科研基地建设等方面形成了标志性成果。

(二)加强精神文化建设,着力培育文化品格。

结合学校发展的历史积淀和个性特征,总结凝练了师生广泛认同的学校核心价值理念体系,包括"爱国奉献、敢为人先、开放包容、笃行坚卓"的北航精神、"尚德务实、求真拓新"的办学理念、"德才兼备、知行合一"的校训、"艰苦朴素、勤奋好学、全面发展、勇于创新"的校风,以及正式确定《仰望星空》为校歌等,标志着学校的精神文化体系进一步完善。以60周年校庆为契机,编辑出版了反映北航弦歌不辍、薪火传承的重点系列文化书籍《知行文丛》,并从弘扬北航精神、强化办学理念、重视校风建设、加强职业道德等方面,提出精神文化建设的目标和要求,努力内化为师生的情感激励与学校的精神文脉,使学校精神文化建设平台成为学校保持凝聚力、创造力和生命力的动力和源泉。

(三)加强制度文化建设,着力培育文化规范。

坚持办学以师生为主体,强调制度建设的科学化、制度化和规范化,进一步夯实了校风、教风、学风建设的制度基础,逐步修订了学术道德规范、教师师德规范、管理人员行为规范、学生行为道德规范。通过加强法制宣传教育、研究制定大学章程、完善管理规章制度、加强民主管理与监督等,推进了教学、科研、管理、服务规章制度建设,人大代表、政协委员、工会、教代会和民主党派等的作用得到进一步发挥。学校还积极推进文化建设工作的制度化,如规范各类重大仪式和活动,完善学校文化传播基地、文化品牌的制度保障体系。

（四）加强物质文化建设，着力培育文化基础。

近年来，学校通过重点统筹规划"一校两园"文化资源，深入开展物质文化建设，夯实了学校文化建设的载体手段，筑牢了文化发展基础，系统推进沙河校区与校本部文化建设协调、同步发展。在加强校园基本建设、校园占地和建筑面积均翻了一番的同时，进一步完善和加强了与学校精神文化相匹配的人文景观、文化设施、文化载体和阵地建设，切实改善了办学条件，创造了与教学科研配套的硬件、软件文化设施，校园中图书馆、体育馆、博物馆、艺术馆、音乐厅等文化设施日趋完善，基础条件逐步完备，社会文化传播职能逐步到位的良好格局。

（五）加强行为文化建设，着力培育文化魅力。

弘扬学校办学优良传统，丰富文化活动内涵，积极开展丰富多样的校园文化活动。以文化建设带动师德师风，推进学术道德规范、教师师德规范、管理人员行为规范、学生行为道德规范，切实推进社会公德、职业道德、家庭美德和个人品德教育。注重培育融入社会、知行合一、学以致用、鼓励创新的文化育人环境与实践氛围，引导师生在继承传统文化、弘扬优秀文化、传播先进文化中成长和发展，打造以文化魅力感人、以文化内涵育人的氛围，形成师生互动参与、共享成果的文化格局。突出核心价值体系的引领作用，在教师中深入开展"德教双馨，求真创新"主题活动，在学生中深入开展"仰望星空，脚踏实地"主题活动，在管理干部中深入开展"务实奉献，率先垂范"主题活动，在后勤职工中深入开展"爱岗敬业，服务师生"主题活动，在离退休教工中深入开展"老有所为，共建和谐"主题活动，这些活动内容丰富、特色鲜明、参与广泛，成为学校师生良好精神面貌、行为操守与和谐关系的动态折射。

二、把握建设规律，打造文化育人品牌

培养高度的文化自觉和文化自信，是实现文化强国目标的内在要求，也是推进大学文化建设的必然要求。近年来，学校进一步树立文化强校意识，在大力实施文化培育工程的过程中，把握大学文化的特点和规律，把握大学文化建设的方式与途径,切实加强对文化育人环境与实践氛围的培育,不断丰富文化建设的载体和手段,打造了一批特色文化育人品牌。

一是,提升校园艺境品位,形成"文化景观"品牌。以科学精神、人文精神和大学精神的融合及弘扬为主线,注重把以办学理念和校训、校风、校歌等为核心的学校治学文化用公共艺术的形式进行表现和固化,注重大学人的精神需求和建设成果预期的艺术审美价值、科学人文价值、校园生态价值和历史文化价值,着力营造校园环境的艺术氛围,提升文化建设的特色、质量与品位,是学校一段时期以来文化建设工作的重点。本着"校园景点里有、宣传媒介里有、师生意识里有、实际行动中有"这一精神文化内容、要求和目标的思想,坚持将大学精神和治学文化的内核审美化、景观化,进一步加大了公共艺术作品建设力度,征集并新建了一批与校园环境融合、艺术品位高的主旋律公共艺术作品,丰富了学校的文化内涵。近年来在两校区统筹、分步建设了主题雕塑《世纪之声》《校训树》《北航星》《带一片音符去未来》、军工文化长廊、科学精神主题园等40多件与校园环境融合、艺术品位高的公共艺术作品,在校园中形成了特殊的文化艺术传播场,起到了校园公共艺术潜移默化、"外化于形、内化于心"的良好教育效果。

二是,搭建高端传播平台,形成"人文滋养"品牌。树立"以艺术滋养空间、以文化培育人才"的理念,坚持文化建设与人才培养相结合,在全国高校起到了文化育人示范和引领作用。学校艺术馆,坚持"公益性、专业化、高品位"的办馆方针,将高雅艺术引入校园,通过持续不断的高品位的艺术展览,对莘莘学子和社会观众进行潜移默化的熏陶及艺术素养教育,艺术品质、学术品格和社会影响与日俱增;学校还相继建成开放了航空航天博物馆、校史馆、科技创新馆、设计创意馆等多样性文化设施,成为传播学校文化特色的良好载体。本着高水平、精品化原则举办的"北航大讲堂",重点邀请国内外政要、大师和专家学者,如法国前总理、外国驻华使节、诺贝尔奖获得者、中外宇航员、国家最高科技奖获得者、文化艺术大家等莅校与师生交流，近几年已举办 100 多期，打造了让学生开阔视野、激荡思维、启迪心灵的精彩课堂。学校还注重汲取和依托丰厚的中华优秀文化的滋养与育人作用，率先在全国高校实施了"驻校艺术家/作家"计划，系统设计、探索开展"艺文赏析与体验"育人项目、"中国山水画赏析与创作""中华诗词赏析与创作"，举办项目成果展并出版《驻校艺术家/作家计划档案》，受到校内外的广泛关注，为"礼敬中华优秀传统文化"和高校人文艺术素养教育做出了有益探索。

三是，探寻师生身边感动，形成"典型引路"品牌。结合学校建设、教师发展、学生成长成才，以组织开展形式多样的"我的中国梦"主题教育活动为契机，用"共筑北航梦、助力中国梦"激励师生健康全面发展，贡献智慧和力量。树立师生身边的榜样，两年一度的"感动北航"评选至今已举办四届，以共同的精神让整个校园弥漫着温情的感动，建构起校园精神价值的坐标，获全国高校校园文化建设优秀成果评选特等奖。此外，我爱我师、教书育人优秀研究生导师、研究生十佳、大学生成才表率评选以及师德论坛等活动，已成为引领师生发展、成长的重要载体。

三、创新体制机制，拓展文化发展境界

近年来，学校围绕"十二五"和远景发展目标，把文化建设作为学校整体工作的有机组成部分，实行文化建设与其他重点工作统筹规划、统筹部署、统筹落实，以新的体制机制推动大学文化传承创新。

一是，目标与机制结合，形成文化建设格局。坚持把文化建设纳入学校发展规划体系与年度工作计划，研究确定其建设目标、内容、布局、步骤以及资源配置，成立了书记和校长担任组长的文化建设领导小组，在机构设置、经费投入、建设模式等方面积极探索、提供保障，形成了党政齐抓共管、主要职能部门和基层院系各司其职、师生员工广泛参与的文化建设工作格局。

二是，理论与实践结合，增强文化自强自信。面对不断发展的新形势、新机遇、新挑战，学校切实加强大学文化建设理论研究和实践探索，以

新的视角认识大学文化,以新的方法对待大学文化建设,以新的机制推动大学文化创新发展,先后承担完成了工信部军工文化素质教育基地建设项目,完成了北京市重点课题"大学文化理论构建与系统设计"、中央高校基本科研业务课题"文化传承创新视野下的大学博物馆建设与文化育人研究"等,出版了多部大学文化理论专著、发表了一批文化建设理论文章。学校注重加强文化建设、管理及传播领域的学科建设,整合学校相关人文学科资源优势,自主设置了"文化传播与管理"交叉学科,设立"文化艺术管理与策划""艺术教育与传播""公共艺术与交互设计"等研究方向并启动了研究生层次人才培养。学校坚持突出重点、分步实施的原则,不断增强师生文化强校的自觉性,注重发挥学术骨干、教学名师和先进典型的带动作用,充分发挥党建和思想政治工作队伍、哲学社会科学教师的基础作用,重视培养既熟悉高等教育规律、又掌握文化建设专业知识的人才,同时吸引社会文化艺术领域的学者、专家参与学校文化建设工作,激励师生融入文化建设、践行文化育人、传播优秀文化。

三是,传承与创新结合,探索文化发展途径。2011 年以来,学校相继成立了文化与艺术传播研究院、文化传媒集团,突出以育人为核心的文化传播与交流,突出多学科交叉的学术研究及能力提升,进一步关注与回应国家文化发展需求,整合学校文化艺术资源,集聚社会文化艺术力量,探索多种模式、联动协作、资源互补、形成合力的文化建设体制机制。同时,注重以推进文化校园建设为依托,以文化与艺术传播研究院、文化传媒集团为纽带,扎实推进大学文化及传播体系建设,在创新文化建设机制、统筹文化场馆建设、开展人文艺术素养教育等方面不断探索,产生了良好的人文艺术传播和广泛的社会影响,在全国高校独树一帜,为把学校的办学优势转化为创新人才培养、先进文化传播的优势奠定了更加坚实的基础。

原载《北京教育(高教)》2014 年第 12 期

科学发展观与高校科技创新

高校是国家创新体系的重要组成部分,是培养高层次专门人才的主要基地,是产生新知识的重要源头,国家经济建设和社会发展越来越依赖于高校科技创新和创新人才培养。改革开放三十年来,我国高等教育事业取得了巨大的成就,高校的科技实力和竞争力水平也有了大幅度的提高。高校科技创新工作面对新的形势和任务,必须全面贯彻落实科学发展观,深刻认识加强高校科技创新工作的重要性和紧迫性,深化改革、创新机制、明确方向、开拓进取,实施高校科技发展战略,抓住关键环节,进一步发挥高校的人才优势和学科综合优势,提高高校的自主创新能力和整体科技实力,把高校科技创新纳入科学发展的轨道,使我国高校成为一支具有强大国际竞争力的科技创新主力军,为我国科技进步、经济建设、社会发展和国家安全做出更大贡献。

一、高校科技创新必须树立和落实科学发展观

当今世界,科学技术日新月异,国家经济社会的发展越来越依赖于科学技术的积累、创新与应用,国家之间、地区之间以科技实力和科技自主创新能力为核心的竞争日趋激烈。牢固树立和落实科学发展观,深刻理解和全面把握科学发展观的科学内涵、精神实质、根本要求,把科学发展观贯彻落实到我国科技事业发展的各个方面,是推进自主创新、建设创新型国家的必然要求,也是高校推进科技创新、促进自身建设和发展的必然

要求。

1. 提高自主创新能力、建设创新型国家是国家发展战略的核心

新中国成立以来,特别是改革开放 30 年来,我国坚持把科学技术置于优先发展的战略地位,坚持面向经济建设主战场,大力推进科技进步和创新,组织落实国家中长期科学和技术发展规划纲要,加快组织实施国家重大科技专项,加大对自主创新的投入,推动形成了比较完整的科学研究和技术开发体系,建立了较为完备的学科领域,研究能力和学术水平大幅提升,建设了比较完善的科研基础设施和一批国家重大科学工程,攻克了一大批关系经济社会发展全局的重大技术、关键技术、共性技术,我国科技发展整体水平已位居发展中国家前列,有些科研领域已达到国际先进水平,我国科技事业快速发展为我国经济发展、社会进步、民生改善、国家安全、社会稳定提供了强大科技支撑。

十七大对推进中国特色社会主义事业做出了全面部署,也对我国科技事业发展提出了新的更高的要求。胡锦涛同志指出:"提高自主创新能力,建设创新型国家,这是国家发展战略的核心,是提高综合国力的关键。要坚持走中国特色自主创新道路,把增强自主创新能力贯彻到现代化建设各个方面。"①他希望广大科技工作者要自觉认清形势、明确任务,"集中力量在解决制约经济社会发展的重大科技问题、关系国民经济命脉和国家安全的关键领域取得突破,努力掌握关键技术和共性技术、解决重大公益性科技问题,在自主创新方面继续创造无愧于祖国、无愧于人民的光辉业绩。"②

科技创新是运用科学技术现有知识或成果产生促进人类社会发展和人类生活方式改变的新知识、新成果。近年来,国际形势复杂多变,国内改革发展任务艰巨繁重,我国已进入改革发展关键阶段,科技创新特别是

---

① 胡锦涛:提高自主创新能力是国家发展战略的核心. 中国新闻网【2007 - 10 - 15】,ht-tp://www. chinanews. com/gn/news/2007/10 - 15/1048869. shtml

② 胡锦涛:在纪念中国科协成立五十周年大会上胡锦涛的讲话(二〇〇八年十二月十五日).《中国青年报》,2008 年 12 月 16 日

科技自主创新的作用,日益被摆在了更加突出的位置。当前,必须从担负国家发展战略的核心使命出发,深入贯彻落实科学发展观,全面发挥科技创新在推进社会主义经济建设、政治建设、文化建设、社会建设以及生态文明建设方面的作用,紧紧围绕那些对我国经济社会发展和国防安全具有战略性、基础性、前瞻性、关键性作用的重大科技课题,形成自主创新源泉充分涌流、科技创新体制机制保障有力、科技工作者创造活力竞相迸发的良好局面,不断增强科技创新能力和水平,为社会发展提供智力和技术支撑。

2. 高校是国家创新体系的重要组成部分

从高等教育发展的视角来看,大学是人类组织创新的产物,肩负着人才培养、科学创新、服务社会、传承文化的重要职能,它与人类的创新活动紧密地联系在一起,是新知识、新观念、新制度的内在传承与推动。大学的本质就是一个功能独特的创新型组织或机构,知识性、学术性、创新性、文化性是现代大学的本质属性。大学科技创新活动的实质是通过与教学相结合的科研、学术研究,教师和学生都可以参与到知识的创新与生产过程之中,这样既可以提高教师的学术水平和教学能力,又可以培养学生的创造性思维,促使学生全面发展,促进学术文化的繁荣昌盛。

从我国大学发展的历史轨迹来看,高校是国家创新体系的重要组成部分。相对于其他社会组织机构,我国大学在科技创新方面具备组织、人才、体制、环境等相对优势,有利于自觉开展原始创新研究和探求客观真理,将自身建设成为推进社会进步的精神家园和思想最活跃、最富创造力的学术殿堂,成为新思想、新知识、新文化的策源地和发展国家科学事业的重要方面军,为经济、政治、文化和社会建设解决面临的重大课题提供科学依据。改革开放三十多年来,高校已建设成为国家创新体系的重要组成部分,高校科技创新工作从少数学校发展到几乎所有大学,发展到面向经济社会建设各个领域,取得了显著成就。

一是,高校科技力量不断壮大、人才优势十分明显。根据教育部有关统计数据,高校研究与开发人员由 1986 年的 15.7 万人,发展到 2007 年的 27.2 万人,约占全国科研人员总数的 15% 左右。每年在校研究生队伍数量由 1986 年的不足 10 万人,发展到 2007 年的超过 100 万人,形成了高校科技创新的强大生力军队伍。截至 2007 年底,高校有两院院士612 人,占全国的 42.7%;国家杰出青年科学基金获得者 902 人,占全国的 60%;国家自然科学基金委优秀创新群体 88 个,占全国总数的 52%。一支规模稳定的高水平科研人才队伍,为建设世界高水平大学和创新型国家建设提供了强有力的人才支持。

二是,通过大力实施国家重点工程,高校创新体系不断完善。近年来,经过国家"211 工程""985 工程"和"教育振兴行动计划"的实施,高校科技创新基地基础条件和科研设施有了较大改善,由三个金字塔和一个平台基本形成了高校创新体系的基本构架。一个金字塔是知识创新体系,其顶层为国家实验室和大科学中心,中层是国家重点实验室,底层为省部级重点实验室。另一个金字塔是工程技术创新体系,顶层为国家工程研究中心和国家工程实验室,下层依次是国家工程技术研究中心和省部级工程(技术)中心。第三个金字塔是哲学社会科学创新基地。一个平台就是成果转化与服务平台,包括大学科技园、技术转移中心等。目前,全国共有国家实验室 6 个,其中依托高校的有 3.5 个;共有国家重点实验室 220 个,依托高校的有 137 个,占全国 62.3%;共有教育部重点实验室 437 个,其中省部共建教育部重点实验室 156 个,分布在全国 31 个省、自治区和直辖市。逐步形成了以国家实验室、国家重点实验室、教育部重点实验室和省部共建教育部重点实验室组成的"金字塔"型的高校研究实验基地结构体系。截至 2007 年,依托高校还建设有国家工程(技术)研究中心 82 个,国家工程实验室(筹)6 个,教育部工程研究中心 171个;高等学校学科创新引智基地 51 个;国防科技重点实验室(先进技术与装备实验室)7 个;同时,还建设有 7 个国家技术转移中心,62 个国家大学科技园,以及一批"863"计划产业化基地等。

三是,高校科技创新在服务国家和社会发展需求中的作用进一步增强。根据教育部有关统计,1978 年高校科研经费投入约 5.9 亿元,到

2007年高校通过各种渠道共获得科研经费544.4亿元。高校获国家自然科学基金资助项目经费一直为各部门之首,2001年以来,高校获得基金委项目数量的比重一直稳定保持在75%左右。在新形势下,高校积极参与国家中长期科技发展规划纲要的实施,承担大量科研任务。以2007年为例,高校作为第一承担单位立项的"973"项目48项,占立项总数的65.75%;高校专家任"973"第一首席科学家的项目50项,占立项总数的68.49%;高校作为第一承担单位立项的科技部重大科学研究计划项目17项,占立项总数的40.48%。高校参与863计划探索类课题比例继续保持在60%以上,其中承担重大项目任务比例已超过了1/4。

　　四是,高校自主创新能力不断提高,取得一大批标志性成果。据教育部科技发展中心统计数据(不含国防专用项目)显示[1],自从国家设立科学技术奖以来,高校共获国家自然科学奖473项,占授奖总数的52.2%;国家技术发明奖1160项,占授奖总数的36.4%;国家科技进步奖2893项,占授奖总数的30.1%。2008年度高校获国家自然科学奖16项,占总数的47%;获国家技术发明奖30项,占总数的81%;获国家科学技术进步奖118项,占总数的65%;在2008年国家三大奖通用项目中,65%的项目由高校获得。

　　五是,高校成果转化和产业化进程不断发展。据教育部2006年对64所高校的调查统计,高校与企业合作呈逐年上升趋势,通过校企合作、校地合作完成的技术转移已占四成以上。合作方式已从单纯的技术服务推广向委托研发、联合研发发展,有效提升了高校科技成果转化率及效能,为经济建设和社会发展提供更好的服务。高校凭借人才、科技优势,不仅为国家培育了诸如大型集装箱检测、汉字激光照排、航空管控、飞机制动等高新技术产业,也与地方及企业开展了全方位、多层次、高水平的合作,建立起产学研相结合的良性机制。

　　进入新世纪以来,随着国家科技大会的召开以及《国家中长期科学

---

　　① 国家设立科学技术奖以来高校获奖情况.《中国教育报》,2009-1-10

和技术发展规划纲要》的颁布,明确了我国高校在国家创新体系中的定位和作用,高校是我国基础研究和技术领域原始创新的主力军之一,是解决国民经济重大科技问题、实现技术转移、成果转化的生力军。党的十七大提出了增强自主创新能力、建设创新型国家的战略目标,为全国科技工作指明了方向,对高等教育领域的科技创新提出了更高的要求。用科学发展观统领高校科技创新工作,既是高校科技创新抓住机遇、应对挑战、乘势而上的根本指针,也是大学担负创新型国家建设义不容辞重任的职责使然。

3. 用科学发展观统领高校科技创新是大学发展的必然要求

当前,高校科技工作面临全面建设小康社会、发展中国特色社会主义伟大事业、实现中华民族伟大复兴这个千载难逢的机遇,但同时也面临着巨大挑战。比如,2008 年下半年以来,一场历史罕见的金融危机正在蔓延加剧,给全球金融体系和实体经济带来很大冲击,不可避免地给高校科技创新工作带来困难和严峻挑战;高校科技工作还不同程度地存在科技体制障碍、经费投入不足、竞争力较弱等方面的问题和不足。针对这些困难和问题,要求我们进一步提高对高校科技创新工作地位和重要性的认识,更加自觉地用科学发展观统领高校科技创新工作,将高校作为国家创新体系的重要组成部分,作为自主创新能力和创新文化建设的骨干和排头兵。

用科学发展观统领高校科技创新工作,是大学自身建设和发展的必然要求。科技创新是实现大学发展长远目标的中心环节之一,是加强学科建设、增强学术实力的根本措施,是培养和锻炼高水平教学科研队伍的必由之路,是增强学校经济实力的重要途径。大学科技创新工作的规模和层次已成为影响一个学校发展的关键因素,它在我国高校的整体发展中具有不可替代的地位和作用。一方面,要把大学建设成为培植和鼓励发明与创新的场所,切实提高大学的自主创新能力;另一方面,要通过寻找与地方、企业进行合作的利益共同点,在高素质创新型人才的培养、提升产学合作水平等方面,充分高效发挥整体优势,在建设人力资源强国中发挥主体的作用,在区域科技创新中发挥支撑与促进作用。

温家宝同志在 2008 年度国家科学技术奖励大会上强调:"广大科技工作者要急国家之所急、想国家之所想,承担起历史赋予的重任。"①

要深入到企业、农村中去,深入到经济建设第一线去,推动科技成果加快向现实生产力转化。要把加快组织实施《国家中长期科学和技术发展规划纲要》与当前扩内需、保增长结合起来,推动发展方式转变和产业结构升级。要扶持科技型企业发展,为经济平稳较快发展做出贡献。要有宽广的胸怀和长远的眼光,真正让知识和科技在应对当前金融危机,推动我国现代化建设的伟大事业中大显身手。"这既是对全国科技工作者提出的要求,也为高校加强科技自主创新、在促进社会发展中发挥更大作用提出了新要求。高校必须以科学发展观为指导,倡导遵循规律、尊重实践、实事求是的科学态度,大力加强科技创新工作,促进科学技术的重大突破,创造新的社会需求,推动科技成果加快向现实生产力转化,为社会进步、经济繁荣、文化发展做出更大贡献。

二、以科学发展观为指导实施高校科技发展战略

高校科技创新工作必须坚持以科学发展观为指导,坚持全面、协调、可持续发展的理念,坚持以人为本、创新发展,走特色和内涵发展之路,遵循规律、尊重实践,处理好与人才培养、社会服务、文化传承之间的关系,努力构建创造高水平的科技成果、培养高素质拔尖人才、营造和谐大学文化环境相得益彰、有机统一的全面协调可持续发展模式,促进科学技术的重大突破,加速自主创新成果向社会现实需求的转化,开创高校科技创新工作新局面。

---

① 温家宝:温家宝在国家科学技术奖励大会上的讲话. 新华网,【2009-01-09】,http://news. xinhuanet. com/newscenter/2009 - 01/09/content_10630817_1. htm

1. 全面协调可持续发展是高校科技创新的根本要求

科学发展观基本要求是全面协调可持续。可持续发展是人们对资源、环境和发展之间辩证关系深化认识的结果,是我国全面建设小康社会、建设创新型国家的必然要求。当今社会,科技的迅猛发展提高了人类改造自然的能力,然而人类与自然的关系急剧恶化,人类面临资源枯竭、环境危机等影响生存与发展的核心问题。当发展需以牺牲人类赖以生存的资源、环境为代价时,这种发展就失去了意义。中国面临着人口、资源、环境的巨大压力,面临着前所未有的挑战,必须走可持续发展之路。要统筹人与自然的和谐发展,正确处理好经济与人口、资源、环境的协调发展关系。可持续发展,是经济效益、社会效益和生态效益有机协调,当前利益与长远利益、整体利益与局部利益相统一的发展,是坚持以人为本、最终实现社会全面进步的发展。

我国是一个人口众多、资源相对短缺、经济基础和技术力量相对薄弱的发展中国家。国家的战略发展是以又好又快为前提和要求的,是发展先进生产力取代落后生产力的过程,即以循环经济、生态经济为特征的先进生产力,取代和淘汰那些资源消耗率高、环境污染大的落后生产力。这个过程的核心是必须紧紧依托科技创新成果的创造及应用,走工业化和信息化融合的新型工业化道路,不断调整科技创新的理念和管理体制,坚持经济建设与生态环境建设同步进行,实施科技创新的生态化转向,建立可持续发展的技术支撑体系,维护经济增长的生态潜力,从而进一步提高综合国力。

高校科技创新工作深入贯彻落实科学发展观,必须坚持全面协调可持续发展的科技创新理念,将可持续发展作为高校科技创新的根本要求,着眼于提高自主创新能力,大力推进高校科技发展战略。这就要求我们在观念层面转变传统的思维方式,树立全面协调可持续的理念;在实践层面建立新型的科技运行机制,强化制度创新,推进科技进步,对环境资源进行保护性开发和利用;特别是要围绕国家战略需求,发挥高校在基础研究、应用基础研究和前沿高技术研究方面的优势,创造出一大批原创性的标志性成果,为国家科技实力的增强做出直接贡献。

高校科技发展战略的总体要求是:以科学发展观为统领,坚持以人为本、创新发展,注重特色和质量、走内涵发展之路,大力营造科技创新文化环境,以学科建设为龙头,以科技创新平台建设和创新团队建设为重点,不断在基础理论研究、前沿高技术和工程化创新方面强化整体优势、拓展新领域,着力提高自主创新能力和水平,创造高水平的科技创新成果,培养高层次创新人才队伍,提升高校的综合办学实力与核心竞争力,为创新型国家建设提供强有力的科技创新成果和高素质人才队伍支撑。

2. 实施高校科技发展战略,必须坚持以人为本、创新发展

以人为本是科学发展观的本质和核心。在实施高校科技发展战略中坚持以人为本,首先,要把人才资源作为学校改革发展、推进科技创新的第一推动力。要积极推进人才强校战略,统筹人才的引进、培养和流动,注意团结和使用好人才,以任务带学科、以基地建团队、以发展引人才,形成吸引人才的配套措施,使大学成为事业有平台、发展有空间、成长有环境的执教治学环境。其次,要在重视个人发挥作用的同时,突出加强创新团队建设。高校科技创新团队不仅是承载重大项目和产生重大成果的重要力量,而且是造就一流学术带头人的重要保障,是优秀人才成长的重要摇篮,要积极探索新型学科队伍组织模式,合理配置校内外人力资源,统一协调人力资源的管理政策,扭转高校长期以来存在的科研资源分散、科研目标偏小的局面,汇聚能够产生重大成果的科技创新团队,凝练重大创新目标,形成能够产生重大科研成果的创新平台,不断提升科技创新能力。

创新,是人类特有的活动方式和存在方式,是从人的全面发展的自主需求和客观实际出发,人的精神势能的储备所引发的实践基础上的新规律、新理论、新技术、新成果,是对现有文明成果的怀疑、批判、突破与超越,是人类社会发展和变革的先导,是推动社会进步的强大动力。① 创新发展是一所大学的灵魂和生命线。以创新推动发展,是大学全面协调可

---

① 蔡劲松:论创新及其本质.《中国特色社会主义研究》,2005(3)

持续发展的本质要求。

在实施高校科技发展战略中坚持创新发展,首先,要实现思想观念上的根本转变和突破,要在坚持科技创新发展的过程中,不断强调思想上的与时俱进和观念上的创新,没有思想观念的创新就不可能有创新的行动,没有创新的行动就不可能实现大学的跨越发展。这种跨越关键是理念和体制上的突破和不断创新,是在积极吸收前人、他人经验教训的基础上,突破原有模式的创造性发展。其次,要自觉地深入到国家、行业和社会的需求之中,寻找科技创新项目、探索发展路径、争取更大的发展空间。要清醒地定位高校的创新发展,看到这个过程与国内外的发展变化密切相关,努力适应国家、行业和社会快速发展的需要,与国家重大科技专项规划、行业和地方的建设结合起来。一方面,义不容辞地培养输送高素质创新型人才,另一方面,要选准方向、汇聚人才、争取重大科技项目,搭建科技创新、成果转化和工程化研发平台、哲学社会科学创新基地,以自主创新成果促进高校自身的建设和发展。

3. 实施高校科技发展战略,必须统筹兼顾、注重质量和特色

高校科技创新工作只有切实做到统筹兼顾,既总揽全局、统筹规划,又紧紧围绕国家战略需求和高校的传统优势,在重点科研方向上着力推进、重点突破,才能更好地实现服务创新型国家建设的战略目标。科技创新既是高校提高人才培养质量的关键、自身发展的主要动力和源泉,也是提高教师队伍整体素质和学术水平的主要手段。从组织职能的视角看,高校和国家科研院所都有科学研究和人才培养的使命,它们应建立一种功能互补、竞争合作、联合互动的关系,共同成为面向企业和全社会的知识和人才源头,促进我国科学技术进步和创新人才的培养。一般而言,大学更适宜于从事基础研究和高技术前沿探索与应用研究,促进学科发展。

随着国家创新体系建设的逐步深化,大学承担的科技创新与创新人才培养的双重功能日益突显,而如何进一步发挥大学优良的育人传统、学科和行业特色优势,立足科技创新实践,培育高校对知识和技术的原创能力,具有十分重要的现实意义。在这个意义上,质量和特色是实施高校科

技发展战略的关键,是推进大学可持续发展的重要保证。高校科技创新树立和落实科学发展观必须注重质量和特色发展,这是增强高校核心竞争力的必然选择,也是培养高素质创新型人才的根本要求。

实施高校科技发展战略,必须统筹好学科建设与科研质量的关系。纵观一所大学的建设和发展,学科是办学水平的标志,是学术声誉的体现,是人才培养的核心,是科学研究的载体,是人才队伍的舞台。我国高校的学科建设正处在良好发展时期,但这并不意味着学科建设要追求大而全。在学科建设中,学科数量增长不是学科上的求大求全,而是坚持以内涵发展为主,适度拓展外延的发展战略。要树立和坚持以学科建设带动科技创新的思想,不断提高科研成果的质量。

实施高校科技发展战略,必须坚持特色发展。一方面,要适时发展新兴领域和研究方向,这需要学术带头人具有高度的学术洞察力,同时也要求高校决策层能够审时度势、高瞻远瞩;另一方面,还要敢于合理地扬弃,注重形成现有各学科的相互促进和特色发展。科学研究没有特色就没有竞争力,没有特色就谈不上质量和水平,没有特色、没有重点的发展是没有生命力的。各高校要十分重视学科建设的特色发展和重点突破,应以自身传统优势特色学科为主,结合国家创新体系的建设和国家中长期科技发展规划,组建一批融合多学科优势的科技创新平台,切实提高科技竞争力和相关学科的覆盖面向与综合实力,以特色求发展。要进一步突出学科龙头地位,明确整体规划、突出重点、加强优势、注重实力、优化配置、协调发展的高校学科建设指导思想,形成重点学科特色突出、多学科交叉集成优势明显、学科创新能力快速提升的局面,构建可持续发展的高校学科生态环境,从而为科技创新提供基础支撑。

4. 实施高校科技发展战略,必须营造良好的科技创新文化环境

科技创新的过程实际上是主体与对象之间进行双向物质构建和精神交流的过程。科技创新活动是推动时代发展和社会进步的物质实践活动,作为一个不可分割的整体,反映在文化形态领域,它也是主体在创新过程中的精神实践活动。科学技术的日益开放性决定着科技创新文化系

统也是一个动态的开放系统,它将随着高新技术的发展而不断提出新的问题,随着科技的不断创新而继承和发扬先进的文化观念,并使之反过来推动社会科技与经济的发展、进步。

胡锦涛同志在中国科学院第十四次院士大会、中国工程院第九次院士大会上强调指出,"必须以创新文化激励科技进步和创新"①。要大力弘扬以爱国主义为核心的民族精神和以改革创新为核心的时代精神,最大限度地鼓励和支持科技创新,最大限度地激发科技人员的创新激情和活力,最大限度地鼓励人才干事业、支持人才干成事业、帮助人才干好事业,特别是要为年轻人才施展才干提供更多机会和更大舞台,在全社会营造尊重和鼓励创新创业的良好氛围。②

提高高校自主创新能力,推进高校科技发展战略,需要良好的体制环境、政策环境和文化环境等做保障。因此,一要大力营造鼓励创新的人才发展环境,大学科技创新的关键在于有没有一大批高层次人才,要着力构建和完善高层次人才队伍的结构、目标、政策和项目体系,按照人才成长规律,引进、培养和使用并重,形成人才引进、人才培养、人才评价、人才配套保障制度;二要深化科技创新体制改革,以提高效益、多出成果、提升质量为目标,实现科学化、制度化的管理,形成良性循环和激励机制,充分发挥学术委员会等学术机构的治学作用,由过程管理转向目标管理,探索大学科技创新工作新体系,在推进科研特区、学科交叉特区和国际交流特区等的建设中,积累经验、理顺机制、促进发展;三要重视学术文化建设,形成浓郁的学术创新氛围,尊重科学实践,追求真理,坚持诚信治学,培育民主的学术风气,倡导以人为本的科研管理文化,形成兼收并蓄、海纳百川的科技创新文化环境。

---

① 胡锦涛:在中国科学院第十四次院士大会和中国工程院第九次院士大会上的讲话. 新华网,【2008-06-23】,http://news. xinhuanet. com/newscenter/2008 – 06/23/content _ 8424606_2. htm

② 廖文根、赵永新:两院院士大会在京隆重开幕胡锦涛出席并发表重要讲话.《人民日报》,2008-6-24

三、高校科技创新贯彻落实是科学发展观的关键环节

科技创新实力是衡量高校办学水平的重要标志,是高等教育为经济建设和社会发展服务的直接手段,是学科建设、科技创新平台建设以及社会服务能力建设的支撑,是提高师资水平、教学水平、人才培养质量的重要保障,是高校实现内涵发展的必然途径。要从战略和全局的高度,紧紧围绕建设创新型国家的奋斗目标,努力实现高校创新资源与国家和社会发展需求的结合,以提高自主创新能力为核心,以科技前沿和经济发展重大需求为导向,以密切产学研结合为主线,以重点实验室等创新平台为依托,以培养创新人才与产出创新成果为目标,以创新科技工作体制与机制为动力,探索出一条符合中国特色的高校科技创新之路。

1. 完善高校科技创新体制机制,强化战略目标设计

党的十七大把"提高自主创新能力,建设创新型国家"定位于"国家发展战略的核心,提高综合国力的关键",进一步提升和明确了科技发展的战略地位,把科技创新摆到了更加突出的位置。高校科技创新工作必须深刻认识所肩负的历史使命和重要职责,结合《国家中长期科学和技术发展规划纲要》和教育部、科技部《关于进一步加强地方高校科技工作的若干意见》,找准自身的定位,研究制定学校科技创新工作中长期规划,明确奋斗目标,践行《规划纲要》和《若干意见》提出的要求,充分利用好这一战略机遇期,解决好自身发展方针和战略目标设计问题。

重视顶层框架和战略目标设计对于大学科技创新的成效具有决定性的影响和作用。其中,最关键的是在制定大学总体发展战略和宏观竞争战略计划的过程中,要充分考虑科技创新的战略地位,强化科技创新战略目标设计。科学制定既体现时代精神、又富有历史预见性的大学总体发展战略,对于科研基地构筑、人才梯队建设、科研方向规划与选择具有重要意义。从世界高等教育发展进程看,大学的建设发展必然要以明确、独特、有远见的办学理念和治学文化为指导。要根据自身实际情况和基础,横向比较国内外同类大学的特点,科学制定既符合实际又特色鲜明的竞

争战略,开创科技创新的有效途径。要克服竞争战略趋同、办学思想简单、培养模式单一、科研方向相似等现象,创立和发展自身特色,凝练科技创新方向,选择科技创新突破点、生长点,设计快出、多出、优出科技创新成果的科研路径。

高校科技创新工作的长足发展,离不开科研体制机制的创新。要把科研管理创新的突破点放在打破传统的学科界限,立足于评价机制、竞争机制、激励机制的建立,以此聚焦提升创新能力的大目标。要提高科研管理水平,建立既有利于发挥高校学术环境宽松自由的优势,又有利于优质资源整合和多学科交叉融合的科技管理体制。要合理配置基础研究、应用研究和技术开发三者力量,努力形成研究、开发、转化一条龙的良性循环机制。要设立科研基金,支持自主选题,同时力求与国家、地区发展目标衔接,充分体现尊重创新、包容个性、鼓励互动的多元与开放的学术研究氛围。要将知识产权作为学校发展的重要战略,把知识产权放在与项目立项、科技奖励等同等重要的位置,纳入学校科技管理的全过程。要进一步完善规章措施,包括评价考核标准、奖励制度、知识产权保护以及科研管理条例、科技项目实施管理办法等,树立项目全过程管理理念,完善校院(系)两级分层管理体系。要切实加强对科技创新工作的领导,建立和完善科技工作党政一把手负责制、定期专题研究科技工作和召开科技工作会议的制度,促进高校科技创新工作又好又快发展。

2. 把握高校科技创新特征,建设科技创新平台

深入开展大学科技创新活动,需要对科技创新活动的各个环节、特点、条件和客观规律进行科学分析和系统论证,以把握其本质特征,分类设计引导政策,适时调整实施策略,构建激发创造力的有利环境。近年来,我国高校科技创新工作蓬勃发展,方式、内容和成果呈现出多样化的局面。从大学科技创新所属领域、科研资助来源类型、科技创新活动的突出特征、科技创新成果的表现形式等方面来看,大学科技创新主要可分为三类:基础理论创新、重大工程技术创新、交叉学科创新。其中,基础理论创新属于各个学科的科技基础理论领域,突出强调科研的原始创新特征,

具有前瞻性和探索性,包括在科研的选题、方向、研究方法等重要环节,都必须取得重大突破,使科学基础理论产生跨越式进展或飞跃,其成果往往表现为高质量的学术论文或专著,对本学科及相关领域具有较大的辐射影响力。重大工程技术创新属于工程技术应用领域和高新技术领域,突出强调多学科的相互影响以及工程活动的综合性,促使科技创新成果直接对经济建设与发展产生重大贡献和影响,取得具有重大经济效益的标志性成果,形成系列产品或关键技术体系,促进某个产业甚至产业群的快速发展,其成果往往表现为关键设备、高水平的发明专利等。交叉学科创新属于新兴交叉学科、边缘学科领域,是现代科学技术不断分化、综合循环过程中的结晶,居于科技发展的前沿和尖端,突出强调科学研究体系的内外横向、纵向交叉渗透,多种学术观点之间的碰撞和相互启发,从而形成新学科、新方法、新的领域方向等。

大学科技创新是一个大系统,其基本战略是凝练学科方向、创造标志性成果、汇聚创新队伍、构筑科研基地。项目、成果、人才、基地是大学科技创新系统中的四个核心要素,这四个要素的有效组合与相互支持,是形成科技创新可持续发展的基础。在科技创新的四个核心要素中,重大科研项目是依托和关键。只有通过争取到重大项目,实现重要的创新成果,才有可能培养出高水平的科研人才。同时,只有真正重视科研人才的培养,重视对项目经验的积累,重视科研队伍合理梯队结构的形成和先进研究条件的投入,才能为高水平科研基地平台建设打下良好基础。因此,大学科技创新可持续发展的进程也是项目、成果、人才、基地四要素的良性循环和螺旋式上升的互动过程,高校要在战略设计上,将理顺、协调四者之间的辩证关系作为科技管理工作的重点,要抓住关键环节,调整管理机制,大力推进科技创新平台建设,使四个核心要素形成合力。

以北京航空航天大学为例[①],集中了航空、航天和信息科学技术三大

---

① 赵凤华,蔡劲松:一所大学缘何连续两年荣膺三项国家发明一等奖.《科技日报》2009年1月13日

优势研究领域的北航,从实现学校可持续发展和加快高水平研究型大学建设出发,将科技创新平台的建设提升到建设国家创新体系一个重要措施的高度来认识,着眼于科学研究的自主创新,并不断在前沿高技术创新和工程化创新方面强化整体优势,拓展新领域。该校将科技创新平台作为一个"引子",引出和取得了一批原创性和代表前沿高技术的标志性成果,在若干工程和集成化技术攻关方面取得了重大突破,培养出一批创新型领军人才和创新型团队。学校在科技创新平台建设的实施过程中,总结出五项原则:面向国家战略需求,建设科技创新平台;瞄准重大创新目标,汇聚集成创新团队;结合未来重大应用,促进产学研一体化;承担重大科研项目,取得标志性的成果;整合优势科研资源,建设永久科研基地。该校将科技创新平台建设作为推进高水平研究型大学建设的重要措施,深入探索科技创新平台建设的三种创新模式与机制:团队整合型,主要通过整合强势学科,建设工程性基地;环境建设型,重点通过优化研究环境,建设原创性基地;产学融合型,通过加强与产业单位协作,建设集成性基地。"十五"以来,该校已获得国家科技奖励三大奖 37 项。继 2007 年度北航研制的"卫星新型姿控储能两用飞轮技术"荣获 2007 年度国家技术发明一等奖,2008 年度该校共获得九项国家级科技奖,其中"小型高精度天体敏感器技术项目""宽温域和耐腐蚀巨磁致伸缩材料及其应用"两项科研成果,同时荣获国家技术发明一等奖。

北航近年来围绕国家战略需求,围绕国家中长期科学与技术发展规划中所确定的重大专项、重点领域和优先主题,重点建设的科技创新平台,都与重点领域、优先主题或重大专项相对应。如围绕"大型飞机"重大专项,学校设立了航空科学技术平台,获批筹建了我国航空航天领域唯一的国家实验室;围绕制造业的发展和数字化,凝练了复杂产品先进制造平台;对于由教师们自主提出的原始创新研究和环境建设,由学校协助,以院系为主,重点围绕自然科学基金、国防科技工业和总装备部等的预研基金进行建设,取得了显著效果。北航在科技自主创新方面的探索与实践,充分证明了中国大学在创新型国家建设中的地位和作用是不可替代的,是高校践行科学发展观的良好注解和成功案例。

3. 发挥高校科技创新潜力,深化产学研合作与成果转化

高校作为人才培养和科学研究的重要基地,面向国家和市场需求,发挥自身科技创新潜力,深化产学研合作与成果转化,促进技术创新和产业升级,是大学建设发展的重大任务和必然选择。建设创新型国家是国家发展战略的核心与使命,产学研合作是服务创新型国家建设的重要举措。大学进行科技创新的重要目的,就是要将科技创新成果转化为现实生产力,这是高校直接参与到国家建设的有效途径。高校科技创新的内部潜力与外部需求之间,是一种相辅相成、良性互动的关系,科技成果的转化是科技创新工作的出发点和落脚点,因此,必须大力推进产学研合作,增强高校科技创新能力和服务经济社会发展的能力。

深化产学研合作与成果转化,要求高校始终坚持面向国家的重大战略需求,充分发挥科学研究和人才培养的优势,重视基础性和前瞻性研究,重点发展战略高技术,引导和支持创新要素向企业集聚,促进科技成果向现实生产力转化,大力开展不同层面、不同深度、不同广度的产学研活动,逐步探索出具有自身特色的产学研发展模式。要高度重视产学研战略联盟建设。[①] 产学研战略联盟是以创造知识产权和重要标准为主要目标,通过企业、高等院校、科研院所的优势互补,共同合作而形成的一种稳定、长效的利益共同体,是推进产学研合作的重要载体。

因此,产学研战略联盟具有目标一致、资源共享、优势互补、合作攻关、协同创新等特点。产学研战略联盟一般会经历一个从小到大、从单项产品到发展同盟的渐进过程,产学研三方先由项目合作开始,到建立联合实验室,再发展为联合研究中心或基地,最后形成战略联盟。建立产学研战略联盟,必须要搭建各种形式的平台,平台是产学研战略联盟的突破口。由平台发展为战略联盟有几个条件:一是,由平台到联盟,根本的推动力在于要树立面向国家重大战略需求的目标;二是,由平台到联盟,关

---

① 杜玉波:深化产学研合作服务创新型国家建设.《中国高等教育》,2008(17)

键的推动力是核心技术的创新;三是,由平台到联盟,持久的推动力是使产学研各方成为利益共同体。

深化产学研合作与成果转化,要求高校树立为企业服务的思想。

建立以企业为主体、市场为导向、产学研相结合的技术创新体系,是科技创新工作的重点与核心任务之一。高校只有为企业服务,为国家经济建设和社会发展服务,才能更好更完美地体现其价值。要在高校、产业、科研院所、政府之间搭建起合作平台,将高校、科研院所的科技资源,企业对技术的需求以及政府对产业的规划进行有效对接,形成全新的产学研中长期合作机制,实现产学研合作由传统的"单对单"模式向"一对多""多对多"的全面合作模式转变,实现由一般的技术攻关和承担项目层面向战略合作层面转变。

深化产学研合作与成果转化,要求高校不断探索产学研结合的新机制。要通过科技项目实施、研发载体建立和组织产学研战略联盟等,构建高校、企业、科研院所之间"需求牵引、携手创新、合作共赢"的运行机制,探索"柔性、流动、虚拟、开放"的运行模式。要主动到企业一线和经济建设主战场寻找服务对象、寻找科技创新的突破口。要成为企业的技术依托,让企业有较多机会成为高校科技成果的首批应用者,提升研发的技术起点,缩短研发周期和提高成功率,加快技术发展的跨越。要进一步加强产学研合作的政策法规和机制建设,深入分析高校、企业、科研院所、政府等各方在合作中的角色、定位、作用和利益等,在法律框架下探讨合作和利益分配,建立产学研各方利益的保障机制,为深入合作提供坚实的基础和广阔的空间。

本文系作者为《科学发展观高校读本》(人民出版社 2009 年 2 月版)撰写的第八章。其中,第三部分载《中国高等教育》2008 年第 7 期,标题为《抓住关键环节提升高校科技创新实力》。

大学博物馆何为？

当前，我国大学博物馆建设进入了一个高潮期，不少大学博物馆正在筹建、兴建或改扩建中。一方面，我国大学博物馆的硬件设施得到明显改善，但另一方面，博物馆的内部专业能力、管理水平和服务效能却很落后甚至低下。那么，伴随着中国高等教育的全面深化和综合改革，越来越多的大学博物馆将以怎样的担当破除自身围墙，破解"大学博物馆何为"这一命题？

笔者以为，关键在于能否树立大学博物馆的转型与担当意识，在借鉴海外著名大学博物馆建设先进理念和发展经验的过程中，确立现代博物馆运营理念，形成走向社会、开放办馆的共识。

大学博物馆与文化育人

大学博物馆不仅是大学教育的实践平台，更是大学公共文化传播机构，是一所大学的文化形象和重要标志。从这个意义上讲，厘清大学博物馆自身的文化认知与定位，是推进当下大学博物馆建设与文化育人工作的前提。总体上看，大学博物馆应该具有四项主要职能：一是专业教育实践，以拓展教育教学实践功能；二是学术研究和学科传承，以延续大学优势特色学科发展及支撑；三是科学人文精神普及与传播，以深化人才培养为核心的大学文化育人；四是社会公众文化服务，以展现公共教育为核心的大学文化价值辐射。

因此可以说，文化育人是大学博物馆的内在品格，保存、传承文化记忆是大学博物馆的本质属性，弘扬、创造先进文化是大学博物馆的价值取向，立足专业教育实践、深化公共文化服务是大学博物馆的基本理念，以育人为本、培育科学精神和人文素养是大学博物馆的核心要求。大学博物馆建设唯有秉持这些理念，才能突破自身机制与认识不足。今天，大学博物馆已不再局限于大学校园象牙塔中。大学博物馆将烙上文化育人的永恒印迹，逐步成为社区、城市乃至国家文化建设和社会公共文化服务的重要表征和不可或缺的参与者。

海内外大学博物馆建设的启示

许多年前，关于大学博物馆到底应该主要服务教学科研，还是服务社会大众，曾经在西方大学和大学博物馆界引发过激烈的争论。虽然现在看来，这样的争论似乎已经由于信息科技时代的全方位、立体化的到来变得微不足道了，但这一分歧仍然应该引起大学人特别是大学博物馆从业者的高度警觉。

长期以来，世界知名大学都有建设和完善博物馆的传统。这些大学博物馆逐渐成为反映大学文化积淀和学术成就的重要标志，有的甚至是某些学科领域世界一流的教学、科研或文化研究中心，其影响超越了一般的大学内设组织机构。于是，在世界高等教育发展的范畴探讨大学博物馆建设的一般模式及分类，考察海外著名大学博物馆建设模式与经验，有助于从比较研究的视角反思我国博物馆建设的成效与缺失，进而以国际化的视野与标准进行探索和努力。

此外，大学博物馆发展的联动协同机制，也是当下影响和促进大学博物馆自我生长的关键。譬如两年前在教育部的指导下成立的全国高校博物馆育人联盟，已经吸纳了80多所大学博物馆会员单位。该组织一方面统筹和整合了全国高校的博物馆资源，为拓展大学博物馆的文化特色与育人功能搭建了良好的公共平台，成为促进大学博物馆开展海内外合作交流的重要桥梁；另一方面，联盟致力于推动文化育人成为大学博物馆的核心使命与生长基因,逐渐成为大学、政府有关部门和社会力量协力推进大学博物馆建设的"催化剂",同时也促进了现代大学博物馆目标使命与运营理念的确立。

大学博物馆运营管理与发展趋向

相对于国家级或社会专业化大型博物馆,当下大学博物馆大多具有"小而精、专而深"的特点,同时在标准规范、机构人员、经费资源、条件保障、社会支持等方面也具有较大局限性,甚或处于大学及社会的边缘地位。在此背景下,大学博物馆当然不能完全照搬社会博物馆的运营模式。运营大学博物馆的理念更新,归根到底需要最大限度地发挥大学母体的作用,扬长避短,才能完成其担负的文化道义与使命。

需要指出的是,在当今信息化和全媒体传播时代,大学博物馆同样面临着全媒体化、信息化的冲击与抉择。例如,如何利用互联网,尤其是移动互联网拓展自身在公共服务领域的作用?能否掌握利用全息摄影、虚拟现实技术等为代表的新科技手段?怎样适应大众传播媒介由浅入深地融合,使大学博物馆运营成效从"物理变化"趋向"化学变化"?这些问题对大学博物馆传统管理方式而言,既是机遇和挑战,也是一个不可回避、不得不面对的问题。

大学博物馆作为大学的文化基因、实现大学文化育人的重要途径、连接大学与社会公众的文化纽带、推进大学国际文化交流的有效平台,必须有针对性地制定运营策略及发展对策,促进大学博物馆的数字化、全媒体化建设和网络拓展,才能实现向公益性开放、向学术型增强、向资源性拓展、向综合性深化、向国际化互动的发展新趋向。

原载《中国科学报》2015 年 2 月 5 日

大学博物馆转型发展的定位及策略

大学博物馆是高校发挥文化传承创新功能的直接载体,是高校发挥文化建设示范作用的重要窗口,是高校发挥文化辐射作用的重要基地。当前,我国大学博物馆建设虽然打下了一定的基础,但其认知与理念、研究与服务、育人与效果等都亟待提升。面对高等教育综合改革和立德树人根本任务,大学博物馆只有树立担当意识,在借鉴海外著名大学博物馆建设先进理念和发展经验的过程中,确立以文化育人和公共服务为核心的职能定位与现代运营理念,形成文化育人、面向社会、开放办馆的共识,才能突破制约瓶颈,实现转型发展。

一、大学博物馆的文化认知与职能定位

一般而言,大学博物馆的范畴主要包括各类高校所属博物馆、艺术馆、陈列馆、展览馆、标本馆以及纪念馆等。从文化视域看,大学博物馆是大学文化系统的重要表征,是一部融思想性、创造性、知识性、文化性和服务性于一体的"立体教科书",既承载着收藏、展示、教育、研究的使命,同时也是传播大学文化、提升大学文化价值的重要窗口;从机构属性看,大学博物馆依托大学而存在,具有涵盖领域宽广、学科专业性强、学术研究实力雄厚、馆藏丰富等特点,它不仅是大学教育实践平台,更是大学公共文化传播机构,是一所大学的文化形象和重要标志,是反映大学文化内涵、衡量大学文化建设水平的重要标准;从职能看,大学博物馆具有专业

教育实践、学术研究和学科传承、科学人文精神普及传播、社会公共文化服务等重要功能,在大学的人才培养、学科建设、科学研究、服务社会、文化传承等方面发挥着日益重要的作用。长期以来,我国大学博物馆受到基础条件、机制和观念等的制约,与发达国家的大学博物馆相比尚有较大差距。其问题与困境主要表现在:

其一,机构设置不规范,管理工作落后。一般的大学博物馆大多缺乏健全的职能设置,如办公、安保、技术、展陈、典藏、资料、宣传、公共教育等部门;管理模式没有统一规范,对员工的管理停留在对待一般行政、教辅人员的传统经验管理上,较少考虑到博物馆的工作性质和工作人员的专业特殊性。其二,运营经费短缺,事业拓展滞后。大学博物馆资金来源途径少,多数情况属于"以校养馆"模式,往往根据各自学校的财力情况,经费由学校行政拨款,其结果是经费得不到保障,导致博物馆各方面工作停滞乃至事业拓展面临局限。其三,危机意识不强,社会性被忽视。我国大学博物馆质量参差不齐,许多大学博物馆安于现状、开放程度低,缺少竞争意识,且常常处于习惯性管理运营"惰性",失去了许多展示和传播知识的机会。

当前,厘清大学博物馆自身的文化认知与职能定位,是推进大学博物馆建设与文化育人的前提。文化育人的属性与本质,决定了大学博物馆运营过程中,应该始终坚守教育性、文化性、社会性与公益性的价值坐标。

总体而言,大学博物馆应具有四项主要职能:一是专业教育实践,以拓展教育教学实践功能;二是学术研究和学科传承,以支撑及延续大学优势特色学科发展;三是科学人文精神普及与传播,以深化人才培养为核心的大学文化育人;四是社会公众文化服务,以辐射公共教育为核心的大学文化价值。其中,文化育人是大学博物馆的本质属性,保存记忆是大学博物馆的基本特征,深化服务是大学博物馆的核心要求,传播文明是大学博物馆的价值取向。大学博物馆建设唯有切实承担职责,才能突破自身不足,凭借其教育内容独特、教育形式多样、教育环境交融连续等诸多不可替代的优势,拓展直观形象的体验式教育、熏陶感染的隐性式教育、实践参与的自主式教育效果。

二、大学博物馆转型发展的运营管理策略

大学博物馆要实现转型发展,必须突破管理方式陈旧的瓶颈,建立适应未来发展的核心目标和先进的经营管理模式,即:有效保障大学博物馆的科学、可持续发展;在坚持满足教学科研的前提下,扩大社会开放程度,将文化育人、文化传播和公共教育服务作为内在发展要求;在保持馆藏经典和文化水准的前提下,满足观众的参观需要,提升观众获取、利用展品信息的能力;开展各种协作、合作和学术活动,实行资源共建、共知、共享,着力提高大学博物馆的文化品牌影响力。从完善大学博物馆自身运营管理机制的视角,大学博物馆转型应着重统筹如下四个方面的优化管理维度。

1. 顶层布局与组织优化

大学博物馆顶层布局的核心,在于不断更新建设理念,坚持扬长避短、注重特色,最大限度发挥大学母体的作用,朝着更加开放、更加精进、更加敏锐、更加主动的方向制定运营和发展策略。一方面,无论是国家文化、文物或教育主管部门,还是大学决策层面,都应当从顶层和外部提高对大学博物馆建设的重视程度,有效提升博物馆作为大学创造知识、传播文明的主要机构的职能;另一方面,大学博物馆自身,要通过视野拓展和管理创新,特别是通过理顺与整合博物馆的组织构架,破解现有体制的局限。

大学博物馆的管理组织构架通常包括外部组织和内部组织两大部分。外部组织如董事会(理事会)、学术咨询机构、会员机构、志愿者服务机构、大学博物馆联盟,如作用发挥得当,将为大学博物馆的建设和发展赢得丰厚的外部资源,比如设立大学博物馆发展基金、凝练大学博物馆的学术方向、建设文化传播智库、增进与大学博物馆受众的互动并形成双赢机制、弥补大学博物馆人力资源不足并形成其良性发展的外围志愿者力量等。而内部组织则依据大学博物馆的本体功能划分,包括行政组、教育组、研究组、典藏组、展陈组、拓展组六大部门。多数大学博物馆由于人员编制的限制,将这六部分运营管理基本职能进行局部优化与整合,从业人员也进行一岗多责的职责定位,其目的在于以精细化的管理将某些业务功能合为一体,以便于切合实际地推动大学博物馆各项功能的正常发挥。

2. 品牌战略与形象塑造

品牌是一种形象和符号,具有独特的文化内涵和经营管理价值。随着社会文化的繁荣发展,实施文化品牌战略,已成为大学博物馆运营管理和可持续发展的必然选择。大学博物馆的品牌塑造与战略拓展,应该主要围绕四个方面展开:

一是坚持学术内涵、文化水准和高品位标准;二是突出馆藏特质、文化特色和知识生产、传播三轨并行的主业挖掘;三是注重品牌推广与打造良好形象、服务社会公益的有机结合,包括设立品牌推广中心或小组、创建自办网络或纸质宣传媒介、设计制作品牌形象文化衍生品、广泛利用社会资源及公共媒体扩大推广范围等;四是注重展陈丰富性、项目多元化以及文化关联性的运营管理体系设计,并以此为契机开展科学人文普及教育、学术讲堂、文化体验及交流互动等,吸引更多的受众参与,扩大品牌效应。

这要求大学博物馆必须调整关系、优化资源、完善要素,不断增强自身文化竞争力。同时,通过树立和强化管理意识,创新管理措施与手段,发挥大学博物馆在地理环境、人才和知识资源等方面的优势,借鉴其他行业先进的管理方式和经验,将品牌管理与形象塑造结合起来,充分利用现有条件争取外部支持,更加合理地优化和配置人、财、物等要素,使博物馆更好地发挥其社会功能。

3. 人才支撑与专业素养人才支撑

主要是指引进与培养现代大学博物馆运营管理所需的高素质博物馆专业人员,包括行政人员、技术事务人员、学术专业人员、公共教育人员等。当然,大学博物馆的运营管理需要的是一大批兼具上述专业素养的复合型人才,尤其是将博物馆学、管理学、文化传播学及科普教育、艺术教育知识结构有机融合的专业人才。大学博物馆专业人员的引进与专业化培养,特别是作为运营管理团队核心与社会文化号召力关键的大学博物馆馆长的培养与确定,将是大学博物馆发展的决定性因素。

博物馆专业人员应具有多种能力:一般性知识与技能;博物馆学的研究能力;经营和管理博物馆的能力;策划博物馆专业事务的能力。为提高博物馆从业人员的素质储备,大学博物馆应该从人力资源开发利用的更高层面整体考虑、通盘设计,逐步完善和健全博物馆人员的聘用、招募程序和机制,联合校内外有关机构,为博物馆从业者的职业培训和职业生涯发展提供良好的平台。此外,也要重视志愿者队伍建设。大学生、在职及离退休教师是大学博物馆志愿者的主要来源,志愿者团队的加入,能够有效增强大学博物馆文化传播力量,在大学博物馆和社会公众之间起到纽带和桥梁作用。

4. 精细管理与评价反馈

大学博物馆在逐步理顺内部运营管理机制、提升现有层次与水平的过程中,应坚持用文化和市场的双重眼光,审视其展陈、教育及经营项目,着力解决文化性、公益性服务主线和市场拓展的关系,不断加强与国际接轨,拓展与海内外博物馆及文化机构交流合作,吸收国际同行的运营管理经验,实施精细化管理,切实提高管理的科学性和实效性,提升整体运营的专业化水平。

一是公益性策略方针。面对社会博物馆免费开放的大趋势,大学博物馆应扩大开放程度,采取低票价直至免费策略,吸引更多的社会公众走进大学博物馆。二是可持续经营理念。大学博物馆作为文化事业与文化创意产业的结合,应加强经营探索,增强自身发展的造血功能。可以结合校园和博物馆文化衍生品开发、校园旅游等活动,自主拓展经营项目,如贩卖纪念品、书画,开设配套咖啡餐吧,提供影像、复印服务,举办丰富多彩的互动活动等。三是开拓性发展导向。要开拓博物馆的发展传播渠道,如建好博物馆网站、制作数字博物馆等,充分利用现代媒介,在藏品保护、展览陈列、公共教育、教育科研等业务活动领域,广泛寻求社会资源并与之开展密切合作。四是共享性市场收益。大学博物馆应参照国外博物馆的管理机制,尽可能通过董事会、理事会等形式,争取社会力量筹措资金、捐赠藏品。吸引更多经济团体、专业团队和个人以各种方式参与博物馆运营管理,探索项目合作机制,形成博物馆发展的良性循环。

此外,还应注重建立有效的大学博物馆评价机制,把大学博物馆的建设和运营管理成效纳入社会博物馆协作网络、质量监控体系及行业评估。通过自评和第三方评价,鼓励大学博物馆积极参与社会博物馆的定级、升级评估,以科学的评价反馈不断提高大学博物馆的运营管理水平,全面实现向公益性开放、向学术型增强、向资源性拓展、向综合性深化、向国际化互动的发展新趋向,成为社区、城市乃至国家的文化承载者和传播者。

原载《中国高等教育》2015 年第 1 期

大学博物馆的文化角色及发展趋向

　　纵观世界一流大学,几乎无一例外都拥有深厚的文化传统,都有一种鲜明的精神文化与境界贯穿其整个发展历史,都拥有一座或多座内涵丰厚的博物馆,成为其大学文化的重要表征和融思想性、知识性、文化性、服务性于一体的"立体教科书"。当下,从文化建设的视域考察大学博物馆的内在品格、文化角色和价值目标,对于中国高校博物馆的创建和转型发展,具有十分重要的意义。

一、大学博物馆的一般特性

　　大学博物馆的建立,是以大学的文化创造、学科优势和文物、标本、资料等实物藏品积累为前提的。如同社会博物馆是展示一个国家、一个民族的"文明橱窗"和"文化名片",大学博物馆也是高校展现给社会的"文明橱窗"或"文化名片"。大学博物馆文化在形成过程中,不但受到自身发展条件和社会文化的综合影响,也受到其所在大学文化的浸润。在这个漫长历程中,大学博物馆的特点不断凸显,使其逐渐发展成为不可替代的文化传播与智识教育机构。

　　一是收藏特性。大学博物馆的收藏特性通常是指收集、保藏文物藏品的性质。文物藏品是博物馆的根、博物馆的魂。博物馆最重要的任务之一就是征集、收存藏品。大学博物馆也不例外,将广泛搜集、收藏与学校相关学科专业的教学科研直接相关的、起着实物实证作用的实物标本或珍贵材料作为基础性工作。这些搜集到并收藏起来的实物或材料,经过科学的分类整理后被妥善保存起来,并通过适当的展陈向师生和社会公众开放。

二是学科特性。大学博物馆的学科特性通常是指其藏品的学术性和专业性。与其他社会博物馆不同,大学博物馆的学术性更强,藏品涉及的专业种类更多。大学博物馆的藏品绝大部分是来源于不同学科的科研产品、科研标本或科研成果,多以大学的主要学科或重点教学方向为主,展出内容的起点较高、专业性极强,充分展现了其学科专业特性。大学博物馆的从业人员,很多人是不同专业的专家学者,具有较高的专业素质,在本学术领域造诣较深,他们常常善于结合博物馆门类齐全的学科和丰富的藏品,采取各种教育教学模式与手段,培养学生的专业学科知识、科学创新精神和人文素养。

三是教育特性。大学博物馆的教育特性通常是指依托展品以多种方式开展育人活动的性质。大学博物馆是开展教育活动的理想场所,是课堂教育的有机延伸和大学生综合素质教育实践基地。大学博物馆的藏品涵盖了人文科学、自然科学等多学科的知识内容,藏品具有综合性、多学科、多角度、多层次的特点。通过藏品的陈列展览,以及展览创意和相关教育拓展活动,不仅可以使学生和社会观众获取丰富的人文和自然科学知识,还能陶冶个人情操,提高审美情趣。大学博物馆教育方式与课堂教育方式不同,它让观众通过视觉、听觉等多种感知能力,运用形象思维等方式,在无拘无束地观看游览、参与互动、发表评价等实践活动中切身体验,激发参观者对新的概念与思想的建构,使之对展览的概念、主题、过程与科学方法有更好的理解。

四是研究特性。大学博物馆的研究特性通常是指依托不同门类学科藏品开展学术研究的性质。大学博物馆藏品的一个主要来源是教授、学者多年来在教学科研中的重大发现,包括各类文物、标本以及大量系统的、成套的实物材料,经过多年的积累和沉淀,成为科研所需的基础性研究资料。师生可以根据不同的需求,在博物馆里有针对性地开展科研活动。博物馆里学科门类齐全、内容丰富完整的藏品是进行科学研究良好的载体。许多世界著名大学的博物馆都拥有非常雄厚的研究力量,其藏品的规模和质量,常常成为衡量大学科研水平的重要标志。

五是传播特性。大学博物馆的传播特性通常是指其弘扬和传承大学文化、科学及人文精神的性质。作为保存、延续和弘扬大学文脉的特殊载体,大学博物馆的一个重要特征就是向全社会展示和传播大学物质和精神文化成果,提升师生以及社会公众的文化素养。从方式上看,大学博物馆的文化传播是一种复杂的社会活动,是一种特殊的公共传播形态。它不具有主流文化传播的强制性和明显的功利色彩,但它在潜移默化中将所要传播的内容,以契合于师生和社会公众接受习惯的方式渗透到博物馆每一个角落。

六是展陈特性。大学博物馆的展陈特性通常是指其藏品展示和陈列的方式与手段。随着时代的不断发展,大学博物馆陈列方式由过去传统单一的陈列分类法发展为主题陈列等多种方式。展陈方法也由传统标签加标本转变为内容丰富、形式多样、灵活生动的展示方法,并广泛采用声、光、电等高科技手段。当下,大学博物馆正逐渐以展品为基础,综合运用文字、图版说明等形式,借助讲解服务、视听教育、参与性操作等多媒体辅助手段,精心组织展陈活动,深刻表达展览的主题、内涵与影响,从而达到展品更精美、展示更精致、效果更突出的陈列效果。

七是内生特性。大学博物馆的内生特性通常是指其利用自身特色和资源,以多种方式激活内在发展动力、提升公共服务品质的性质。大学博物馆以丰富的藏品资源和依托大学的学术文化优势,而成为开展探究式学习、参与式学习和互动式实践教学的理想场所。上述过程反过来激活了大学博物馆的内在生长要素,促进着博物馆自身的观念转变与模式创新。同时,信息化、数字化、网络化与视频资源的广泛应用,乃至与观众的深入互动等,众多符合现代人对文化生活需求的崭新服务手段层出不穷,不断拓宽了大学博物馆发挥社会公共服务作用的路径,大学博物馆的社会角色发生了深刻变化,使其以提升公共服务品质为核心的价值实现成为可能。

二、大学博物馆的文化价值

大学博物馆这座散发着浓郁校园文化气息、科学及人文底蕴的大学精神"蓄水池"，在为大学增添文化内涵的同时，也将文化育人和公共服务融为自身发展的灵魂，从而呈现出鲜明的文化特征与恒久价值。

首先，大学博物馆是大学的文化基因。大学博物馆种类繁多，各具学科专业特色和历史文化传承，既有反映学科知识积淀和研究成果的科技博览类综合博物馆，也有反映人类文化艺术脉络的人文传播类综合博物馆。这些大学博物馆大多馆藏数量丰富，极具保存和研究价值，不仅是人类社会历史发展的生动文化见证，也直观地印证着一所大学的办学理念及精神特质，成为反映这所大学建设发展的文化基因。某种程度上，大学文化是大学博物馆生存和发展的文化语境，大学博物馆在树立先进的管理理念、拥有了高新传播技术以及日益增长的地位优势时，也在纷繁的时代潮流中面临着对自身发展轨迹的选择。大学博物馆的建设发展历程，事实上也顺应了学校文化发展沿革，彰显了学校文化独特基因的存在形式。

其次，大学博物馆是实现大学文化育人的重要途径。时至今日，"教育"之于大学博物馆的重要性逐渐被认可，大学博物馆不仅是保存、展览人类文化成果的空间，也是让社会大众、大学师生深入了解展览品意义并学习、领悟文化真谛的地方。因此，大学博物馆教育具有促进价值、观念、知识与实践发展的性质，不仅对观众提供藏品展示的空间，更为社会大众提供更多学习、体验、休闲、反思的场所，这些多功能的形态与社会责任，实质上正是大学文化育人职能的生动反映。一个成熟的大学博物馆需要时刻思考它与大学母体的关系，以及如何与校内外的机构、教育者通过教学方式和创意活动的互补，推动彼此间建立并形成文化育人实践的合力。事实上，文化育人是大学博物馆的内在品格，因为它天然承载着以文"化"人的重要使命。"育"作为手段，"化"作为目的，都是大学博物馆文化育人的本质使然，是大学优质教育文化资源延伸和辐射的必然要求。

大学博物馆能够真正做到以藏品为源头、以受众为根本、以服务为内核、以活动为承载、以媒介为拓展,关系到大学博物馆文化育人品格的彰显与功能的发挥。

第三,大学博物馆是连接大学与社会公众的文化纽带。大学博物馆所承载的是大学文化中最核心的部分,社会公众对一所大学文化的探索,可以在该大学的博物馆中找到答案。从大学博物馆的藏品中,了解大学的历史与文化积淀;从大学博物馆的展览内容中,了解大学的文化轴心与发展战略;从博物馆的发展现状中,了解大学对文化传播的重视程度与文化使命的担当程度。可以说,大学博物馆像一条无形的文化纽带,将大学与公众有效地联结起来,履行传播文化、服务社会的基本职责。

第四,大学博物馆是推进大学国际文化交流的有效平台。大学博物馆在自身发展战略与大学文化发展战略契合的过程中,透过积极加强国际交流,与世界著名大学博物馆建立长期、稳定的互惠互利关系,开展藏品展示、技术支持等方面的深入合作,向世界展示着大学自身的文化实力。这里,大学博物馆既是大学在国际交流中对外展示其文化魅力的门户,是大学文化之"花朵",又是大学借鉴吸收世界先进文化的重要平台。大学博物馆国际交流合作的不断深化,能够使得大学在发展过程中接触到多样性的文化样式,将有效地促进大学国际合作交流的成效。大学博物馆的国际化合作,也更加容易触摸到世界文化发展的脉络与内核,从而获得文化深层交往中的硕果。这种成果的影响,有时比大学之间的其他合作更持久有效。

三、大学博物馆转型发展的现实选择

大学博物馆的发展,既是一个凝练内在文化内涵的过程,也是一个广泛开展合作交流、兼容并收的文化整合与融合过程。应当看到,大学精神与文化品质的诠释和重塑、大学文化的传承与认同,对每一所大学都十分重要,它渗透在教学、科研和校园生活的方方面面,必然也通过大学博物馆这一特殊的文化传播平台予以生动呈现。为此,大学博物馆不能局限

于大学自身的平台,必须将"以人为本"作为可持续发展的内在要求,进一步开阔视野,以全球化视角有针对性地制定自身运营策略及发展对策,促进大学博物馆的数字化、全媒体建设,输出大学文化价值观,履行服务公众的职能,全面实现向公益性开放、向学术型增强、向资源性拓展、向综合性深化、向国际化互动的现实选择与发展新趋向。

向公益性开放,这是大学博物馆的必然选择。随着社会的发展和进步,大学博物馆已经成为当代大学独特的文化景观,它在传播人文精神、科学精神与智识教育等方面,无疑具有潜移默化、不可替代的作用。

在这样的背景下,大学博物馆的社会角色发生了变化,功能得以拓展,大学博物馆的服务已经超越了大学围墙,渗透到周边乃至更广阔的社会中。大学博物馆不能再局限于校园象牙塔中,而应该全面向社会公众免费开放,致力于成为社区、城市乃至国家的文化承载者和传播者。

向学术型增强,这是大学博物馆的本质要求。大学博物馆依托于大学母体,有着雄厚的资源优势和人才优势,有利于开展科学研究和高层次的学术交流活动。可以说,作为知识创造、生产与传播的大学博物馆,应该将特色学科及文博学术当作立馆之本、发展之源,研究成果的层出不穷反映出大学博物馆的层次和水平。在过去相当长的一段时间里,尽管少数大学博物馆开展了不同层次的科研工作,但由于各方面条件的限制,多数大学博物馆的科研功能未能得到充分的发挥。这方面,我国大学博物馆应不断向世界著名大学博物馆学习,不仅将博物馆建成大学文化中心、教育中心,更要努力建成高端科研中心,开展国际学术交流,在特色学科研究领域发挥前沿引领作用。

向资源型拓展,这是大学博物馆的核心要素。大学博物馆的建设发展,最缺少的是资源,包括馆藏资源、人力资源等内部资源和资金资源、政策资源等外部资源。大学博物馆在拥有以往藏品、举办长期固定陈列展览的基础上,还应根据师生和公众不同层次的需求,拓展社会合作资源,努力吸引社会资金、藏品捐赠,引进多样性的文化艺术或科技创新展览。应以资源的拓展和积累,保证展览内容的推陈出新,如开展国内外馆际间高水平的临时交流展或巡回展,举办与展览内容联系密切的讲座、沙龙等学术活动,吸引更多的新老观众反复走进博物馆中,体验文化意蕴,提升文化修养。

向综合性深化,这是大学博物馆的转型基础。我国绝大多数大学博物馆属于单一学科的专业博物馆,但并不意味着,大学单科性博物馆的作为与成效,相对规模较大的综合性博物馆就会大打折扣。无论单一学科还是综合性学科类型,大学博物馆都可以通过发掘自身内涵,通过经营管理、全媒体技术应用、拓展模式、发展策略等的综合化,树立和提高品牌形象,形成螺旋上升和转型发展的良好态势。大学博物馆的综合性深化特别意味着,它的理念与目标的先进性,它的责任、使命与价值取向的引领性。尤其是,如何以综合化的改革和机制创新,突破自身存在的局限和发展瓶颈,将是影响大学博物馆实现当代转型的重要方面。

向国际化互动,这是大学博物馆的发展动力。在经济全球化的今天,大学博物馆的转型发展必须放眼世界文化发展格局,对标世界著名大学博物馆,逐渐与国际文博和文化传播事业接轨,超越国家和地区的物理界限,广泛推进实质性的国际文化合作与交流,从中传播中华文明和具有中国大学特色的文化意蕴。并且,大学博物馆的国际化交流互动应该是双向的、深层次的,透过对国外优秀的多元文化资源的选择性引进和重点推介,透过自身国际意识的增强和发展空间拓展,大学博物馆作为公众智识教育和终身学习重要载体的作用,将呈现出主动性、丰富性、比较性、优化性的文化传播特征,并以此切实发挥其文化育人与公共服务的职能。

原载《大学文化传承创新研究(第 4 辑)》,教育部高校社科中心组编,新华出版社 2015 年 10 月版;收录入 2016 年 11 月 8 – 10 日在台湾成功大学举办的"2016 大学博物馆国际研讨会"论文集。

开启创造潜能的"文化密码"

——世界知名大学艺术馆考察

大学发展是一个历史的、动态的、文化积淀的过程,大学文化作为"时间的函数",其存在具有时间性和特殊性。大学文化在时间的推移和自身不断建设、积淀的过程中,对大学及其综合环境实施影响、产生辐射、生发效能的特殊氛围与文化生态圈,构成了大学文化自身存在形式的一种状态,即大学文化场。无论是大学教育本身,还是对大学校园公共环境而言,艺术从大学诞生之日起就是大学建设不可或缺的重要内涵,也是大学文化场的重要表征。换句话说,艺术特别是大学公共艺术渗透于大学发展的各个方面,在大学文化场中无处不在,既是激发大学人创造性心灵与想象力的媒质,也是最具精神品格、审美韵味和文化魅力,昭示大学艺境影响力的大学文化基因。

世界上许多知名大学都十分重视大学公共艺术传播和人文艺术氛围的建设,设有专门的艺术馆、美术馆或艺术博物馆(Art Gallery, Art Museum, Museum and Art Gallery),它们有的是直属于大学的学术教育和文化艺术传播机构,有的是大学艺术类院系的下设学科支撑及文化艺术服务机构,有的属于虽相对独立、却与大学中的艺术设计类院系和学科联系十分紧密、互为发展伙伴关系的艺术传播机构。一定意义上,世界著名大学的艺术博物馆,已发展成为启发大学人及社会公众灵感思维和创造性潜能的"心灵钥匙"和"文化密码"。

无论在名称上是"艺术馆"还是"艺术博物馆""美术博物馆",无论是哪一种组织结构模式,世界上许多知名大学的艺术博物馆在办馆的理念、思路与实质内涵等方面,都有着广泛的一致性:作为以研究、教育、收藏、赏析艺术和传播艺术为目的的非营利性组织机构,它们秉承促进大学文化发展和社会文化传承的宗旨,坚持定期或不定期举办各类文化、艺术、科技展览及学术活动,广泛开展人文艺术素养教育,致力于为大学人及社会公众的文化精神需求提供人性化、个性化、精细化的服务,其作用与效果已获得社会的高度认同,值得在中国高校大力推广、普遍借鉴。

一、香港大学美术博物馆为社会提供艺术和文化体验

香港大学美术博物馆坐落在学校的冯平山楼以及徐展堂楼的地下三层,两座建筑物之间有桥相通,将展厅连贯在一起。冯平山楼的前身是冯平山图书馆,1932 年由冯平山先生捐款兴建,1953 年改建为收藏中国文物的冯平山博物馆。徐展堂楼展厅于 1996 年由徐展堂博士赞助建筑经费,建成后与冯平山楼的展厅合并,成立香港大学美术博物馆,并于 1996年 11 月正式开放。

香港大学早在 1953 年已开始搜集博物馆藏品,经过多年来热心人士捐赠和大学购藏,香港大学美术博物馆目前共收藏了超过 1800 件具有历史文化价值的艺术品,这些藏品主要分为青铜器、陶瓷和书画三类。

香港大学美术博物馆对其抱负、使命及实现途径等有明确表述。

香港大学美术博物馆致力为各界人士提供不同艺术和文化体验,为香港社会提高艺术欣赏水平和加深文化修养。

香港大学美术博物馆认为艺术能美化人生。其使命在于透过各类馆藏和活动,教育公众去欣赏古今中外的文化和艺术,并借常规和非常规教育,培养终身学习的风气。

香港大学美术博物馆将循下列途径达成目标:举办优秀的展览和教育活动;提供藏品和服务,去进行中国文化艺术的教学和研究工作;迎合大学和社会的需要,扩展藏品和服务;积极联系艺术家、收藏家、博物馆从业员,以及热心文博教育的机构,去开拓藏品、展览和其他教育活动;在推广香港的艺术教育方面担任领导角色。

香港大学美术博物馆网站介绍其举办展览情况的最早资料始于2006年6月。从那时起至今四年的时间中,香港大学美术博物馆连续举办了62次高水平的艺术及传统文化展览,每次展览的展期大多在1至3个月,有的重要展览(如嘉靖及万历官窑瓷器展)展期甚至超过了半年,对于扩大学校师生及校外观众的人数及范围,提供了时间上的保证。展览类别主要涉及传统文化艺术、国外著名艺术家作品、现当代艺术作品、香港的历史与文化等众多内容,可谓琳琅满目、高雅丰富、精彩纷呈。

除了举办大量现当代艺术作品个展或群展,香港大学美术博物馆非常注重引进国外重要艺术展,作为提升自身学术性、艺术性的一个重要指标,如卢浮宫馆藏铜版画展、毕加索"沃拉尔"系列版画展、朱德群彩绘陶瓷展等,都具有极高的艺术价值。精心策划举办为数众多的中外传统文化艺术精品展,是香港大学美术博物馆的另一个特色和亮点,如荆州新石器时代至汉代文物展、中国文房用品展、中国艺术的仿摹与创新展、清代制壶名家遗珍展、中国北方草原丝绸之路展、法国及中国民间版画展、十八世纪前中国陶瓷与海贸展、日本传统陶艺展、颂德堂藏木雕座子展、宁夏丝绸之路展、欧洲插图古书展、嘉靖及万历官窑瓷器展等,这些展览充分展示了传统文化的审美意蕴和特质,让观众在人类社会漫长历史的文化长廊中穿梭、品味,进而引发深层的思考。

此外,香港大学美术博物馆还注重发挥其在香港社会区域文化传承和建设中的作用,举办了多个反映香港社会、自然及其历史变迁的文化展,如香港早期九龙风光展、香港巴斯德的医学研究展、香港早期交通展、香港兰花展等。

通过一次又一次展览的组织和策划,香港大学美术博物馆以公益性的姿态、学术性的品格,践行着自己"为各界人士提供不同艺术和文化体验,为香港社会提高艺术欣赏水平和加深文化修养"的诺言,其公共艺术传播的理想与行为,不仅使艺术"美化"了师生及社会观众的人生,也"美化"了美术博物馆乃至香港大学的声誉。

二、美国部分大学艺术博物馆的理念与使命

　　长期以来,同世界其他著名高校一样,美国许多著名大学重视艺术在教育中的作用,将艺术教育及艺术传播视为打开大学人创造潜能的"密码"和"钥匙"。"如果将教育视为一种创建人类文明的途径,那么艺术则被视为发展文化品位和文化素养的工具。如果学校致力于培养投身于国家经济福利发展的公民,艺术绝对应该被作为一种非常重要的高级职业技能。如果学校的主要任务是发掘人的创造天赋,艺术则是一把打开孩子创造潜能的钥匙。"[1]正是基于这样的认识,美国高校将建设大学艺术馆、艺术博物馆作为公共艺术传播和人文艺术氛围营建的主要手段,借鉴社会艺术博物馆的模式与经验,遵从大学文化发展和大学人审美需求的规律,孕育形成了一系列具有示范性的自主策划运营模式、开放性的办馆理念。"同一般的艺术馆一样,学校艺术馆建立的初衷,是为了在工业和艺术之间构建一种联系……后来,更普遍的观点认为,艺术博物馆正如图书馆一样,是一个学习的场所,以及一种大学人实现自我提升的公共资源。"[2]"艺术博物馆的教育者和管理者正在试图打破'自我导向'型的教育,而采取更加开放的心态,将自己的想法及观念与包括学校和社会其他教育机构分享。"[3]

　　在实践过程中,美国大学的艺术博物馆也常常反思其自身的局限性,以便在更大的范围内发挥其公共艺术传播的效能和文化影响力。"当前有一些问题是尚待深入探讨的,比如大学艺术博物馆在教育实践中的实

---

[1]　Elliot E. , David. E. ;Readings in Art Education. Waltham , Mass ;Blaisdell ,1966(12)

[2]　Barbara. N. , Adele. S. ;The Art Museum as Educator. California ; University of California Press ,1978

[3]　Barbara. N. , Adele. S. ;The Art Museum as Educator. California ; University of California Press ,1978

际效用。它是否能真正发挥作用,或只适用于一小部分人? 艺术博物馆如何才能帮助我们成为一个钟爱艺术、具有艺术创造力的人?"①面对发展中的问题或困境,美国大学艺术博物馆进一步认识到科学精神与人文精神融合的重要性,将承担文化使命和传播公共艺术的职责结合起来。"大学艺术博物馆的存在不应该仅仅是收藏或展陈艺术品,它的首要责任应该是坚持作为促进创造性与传统性交融的一个媒介,以及一个包括过去与现在、科学与艺术在内的统一体。这些内涵的存在,才能使其成为知识和文化传承的载体。"②

以耶鲁大学为例,该校作为美国最古老也是久负盛誉的大学之一,有着极具吸引力的文化传统和教育环境,拥有全美大学中最大的图书馆、最早的博物馆和最古老的艺术馆。耶鲁大学艺术馆最初于 1928 年由艾杰敦·施瓦德沃特设计建成,是美国最早的大学艺术馆,当时该馆同时也是建筑系学生的活动场所,直至新建筑系大楼在与之隔街相望的约克街落成。③ 1950 至 1953 年间,耶鲁大学艺术馆进行了扩建,由建筑师路易斯·康(Louis Khan)设计,扩建后的主体建筑被分成两个面积相同的大厅,由一个狭长的服务空间分开。主建筑外表面十分简洁,清水砖墙突出的石条带体现出自然的楼层划分,玻璃幕墙呈现出简单的竖向重复形式,使其成为耶鲁大学的第一栋现代建筑,在其校园建筑的传统哥特式风格中注入了现代建筑的语汇,也预示着耶鲁艺术馆的艺术传播理念与审美特质。在改扩建工程结束时,耶鲁大学艺术馆曾举办名为"对康的回应:一次雕塑的对话"的展览,邀请耶鲁大学的学生,从其馆藏中挑选出可以与路易斯康的建筑形成某种对话的雕塑作品。例如,建筑的形式材料和设计过程,其背后的哲学蕴意及理念,修建时的战后历史文脉,以及它在

① Edgar. R. :The Museum and Education. Washington, D. C.:Smithsonian Institution Press, 1968

② Barbara. N. , Adele. S. :The Art Museum as Educator. California:University of California Press,1978

③ http://photo. zhulong. com/proj/detail12326. htm[EB/OL]. 2011-8-20

建成后的几十年间如何被使用、改建和修复的过程。建筑、雕塑和观众，这三点构成了一个可以无限组合的讨论框架。路易斯康所创造的空间影响着人们如何观看这些雕塑，以及雕塑作品之间的关系，从而也促成了人们对于艺术馆空间的新理解。《纽约时报》评论曾指出："任何一个将要兴建新工程的艺术博物馆馆长，都应该来参观一下这个展厅。在这里，由钢柱支撑的轻型隔板将展览空间根据需要灵活地进行划分，并让大部分艺术作品，从早期意大利文艺复兴到当代艺术作品都悬挂于其上。"①

耶鲁大学艺术馆堪称真正意义上的一流大学艺术博物馆，它的艺术资源向社会所有人士免费提供。耶鲁大学艺术馆的办馆宗旨，是让更多的人有机会直接接触艺术原作，鼓励人们对纯艺术的欣赏和理解，认识艺术在社会中的重要作用，通过展览、讲座等艺术教育活动，在耶鲁的师生、校友、艺术家以及社会公众之间进行对话，开展学术研究、艺术交流、教育和传播，吸引各界人士参与艺术创作、艺术传播的实践。耶鲁大学艺术馆的藏品非常丰富，永久收藏拥有超过18.5万件作品，分为非洲艺术、美国装饰艺术、美国绘画与雕塑、古代艺术、古美洲艺术、亚洲艺术、钱币与勋章、早期欧洲艺术、现代与当代艺术、印刷品、图画及摄影艺术等十余类。耶鲁大学艺术馆尤其注重将艺术品收藏、研究与展陈相结合，营造高雅的人文艺术氛围。如艺术馆三楼展厅常年展示欧洲艺术、美国绘画、雕塑和装饰艺术以及来自现、当代的艺术作品收藏，二楼展厅通常展出来自非洲和亚洲的艺术收藏。毕加索、梵高等大师的作品和世界各地艺术家不同类别的展览，经过精心策划不定期在艺术馆展出，形成了浓厚的校园人文气息和公共艺术场。②

科尔比学院(Colby College)是美国历史上12所历史最悠久的独立文理学院之一，以文学、艺术等专业见长，其艺术博物馆自然成为学校文化传承和教育发展的重要基地。多年来，科尔比学院艺术博物馆获得了

① 李苏萍:耶鲁大学艺术馆.《缤纷家居》.2009(4)
② http://artgallery.yale.edu/[EB/OL].2011-8-20

许多杰出艺术品的展览权,并创造了一个绝妙的展览空间,除了供公众和游客免费参观外,艺术博物馆最常接待的观众是大学的教师和学生。除了通过日常的展览传播公共艺术,提高观众的审美素养,科尔比学院艺术博物馆在学术和文化艺术育人方面的作用主要体现在:第一,鼓励学生在学术研究和实践操作中广泛运用艺术馆的资源,艺术馆通常举办一些与学校课程、学生专业等相关的展览;第二,在艺术馆内专门开辟一个超过1 000 平方英尺的艺术教学资源库,供教学或师生的艺术作品展出;第三,通过招收实习生的方式,为艺术专业的学生提供接触和熟悉艺术领域运作情况的平台。① 因而,《美国艺术回顾》(American Art Review)曾评价科尔比学院艺术博物馆是"全美国最优秀的艺术博物馆之一"。

在美国举不胜举的大学艺术博物馆中,大多数都十分专业、各具特色和富有大学文化传承的使命感、社会责任感。如著名的常春藤学院之一达特茅斯学院(Dartmouth College)的胡德(Hood)艺术博物馆,明确提出其办馆目的在于"有效地发挥艺术作品和专业人士的力量,通过直观的方式了解艺术行业的历史和文化,以激发和培育人们的创造力与想象力,从而打破学术界限,同更广泛的世界交汇整合。"②威廉姆斯学院艺术馆的使命是:"作为一个教学用的艺术博物馆,将以最优秀的艺术馆为标杆,为所有学生提供接受艺术教育的机会,通过生动的和有创意的途径,推进学生和校外社区居民的对艺术的认知和学习。"③南加州大学的麦基西克(McKissick)艺术博物馆建立的宗旨是:"致力于成为优秀的大学艺术博物馆,并为教育、研究以及大学公共艺术的发展服务。"④

从上述美国部分大学艺术博物馆的实例中可以看出,这些大学创办艺术博物馆的目的和意义,一定程度已经超越了其举办具体的艺术展览

① http://www.colby.edu/academics _ cs/museum/education/colbystudents.cfm [EB/OL]. 2011-8-20

② http://hoodmuseum.dartmouth.edu/about/museum/index.html[EB/OL]. 2011-8-20

③ http://www.wcma.org/general_info/history.shtml[EB/OL]. 2011-8-20

④ http://www.cas.sc.edu/mcks/[EB/OL]. 2011-8-20

或学术活动本身。"教育一直以来都是一种文化的行为,这种文化行为正在持续地深入和扩展。"①"世界上一流的大学,例如哈佛、耶鲁、牛津、剑桥……几乎无一例外地拥有鲜明的人文传统,都有一种精神、一种思想贯穿其整个发展历史。"②实际上,这些理论共识与实践探索,无疑给世界高等教育的发展指出了一条永恒的路径,即大学发展的文化使命,不仅是其持续创新的不竭动力和源泉,终究也是值得大学去永久追求的价值和理想。

三、美国学院和大学艺术博物馆项目

美国安德鲁·梅隆基金会(The Andrew W. Mellon Foundation)成立于1969年6月,是一个在高等教育奖学金、通信及信息技术、博物馆和艺术保护、表演艺术、环境与保护等五个领域开展重点扶持与资助的非营利性组织。截至2007年底,安德鲁·梅隆基金会的资产总额为65亿美元,拥有约2.86亿美元的年度捐赠拨款。

作为其博物馆和艺术保护计划的有机组成部分,安德鲁·梅隆基金会支持了一个长达15年的重要计划:《学院和大学艺术博物馆项目(1990-2005年)》(College and University Art Museum,CUAM)。该项目计划共支持了18所大学的艺术博物馆建设,包括:

哈佛大学艺术博物馆、芝加哥大学大卫和阿尔弗雷德智能艺术博物馆、普林斯顿大学艺术博物馆、耶鲁大学艺术馆、康奈尔大学赫伯特·约翰逊艺术博物馆、堪萨斯大学斯宾塞艺术博物馆、加州大学伯克利分校伯克利艺术博物馆、史密斯艺术学院艺术博物馆、达特茅斯学院胡德艺术博物馆、奥伯林学院艾伦艺术馆、鲍登学院艺术博物馆、埃默里大学迈克尔·卡洛斯艺术博物馆、罗德岛设计学院艺术博物馆、罗格斯大学简·福

---

① Peter A:Against the Flow——Education,the Arts and Postmodern Culture. Routledge Falmer,2003

② Cheit,F. :What Price Accountability.《Change》,1975(11)

尔希斯·齐默利艺术馆、北卡罗来纳大学艺术馆、威廉斯学院艺术博物馆、瓦瑟学院弗朗西斯·雷曼·勒布艺术中心、韦尔斯利学院戴维斯博物馆及文化中心。

经过 15 年的建设,学院和大学艺术博物馆项目取得了非常显著的效果。2007 年,安德鲁·梅隆基金会公布了长达 34 页的该项目实施情况与成效的评估报告,从项目背景、计划目标、项目成果、影响计划的因素、开展的活动等方面,详细总结了项目实施以来的总体情况。①

该项目设立于 20 世纪 90 年代初。当时,美国的大学艺术博物馆建设面临着许多共同的困境,如一些大学艺术博物馆与其母校之间的关系、与大学的艺术院系的学术联系逐渐疏离,使其教育价值和作用受到了不同程度的影响,并且,受经济萧条的影响,大学艺术博物馆有限的经费预算,也使其不能很好地参与到专业教学和艺术教育活动中。

为此,安德鲁·梅隆基金会发起 CUAM 项目,以解决上述问题,并确定了两个目标:一是,探索更加有效的制度和途径,促进大学艺术馆与艺术学术机构富有成效的合作;二是,进一步加强大学艺术博物馆的艺术教育和艺术传播工作,培养本科生、研究生的艺术审美能力。

项目评估报告是为检验项目的开展是否为这些大学艺术博物馆的办馆方式带来显著变化。其艺术藏品是否更广泛地使用在教师的教学及学生的学习中? 参与其中的人员是集中在艺术及设计类院系,还是吸收了更广泛的其他学科的师生? 其最终目的,是检验 CUAM 项目的总体目标——大学艺术博物馆更广泛地融入其母校的学术与日常生活是否达到。

从项目实施的情况看,参与 CUAM 项目的学院及大学艺术博物馆大都在以下几个方面重点开展工作:①强调与大学教师建立长期的关系,鼓励艺术学科之外的其他各学科教师积极参与其中;②充分利用艺术博物馆永久性收藏资源,通过开设专门课程、给学生或教师提供支持等发挥作

---

① http://www.mellon.org/[EB/OL]. 2011-8-20

用;③鼓励学生参与到大学艺术博物馆的课程、鉴赏和保护等实践工作中,并通过这种以对象为基础的项目及实习活动,使其进一步得到培训;④编辑出版物和举办专题讨论会,使教师和学生的艺术研究及创作成果有机会向学术界和公众展示;⑤强调以展览及艺术教育活动的质量(而不仅仅是数量)作为衡量成功的标准。

评估报告认为,参加项目的大多数大学艺术博物馆的学术参与呈现急剧增强的趋势,通过调查,教师普遍反映,参与艺术博物馆工作获得的经验可以转化到他们的教学中,并在一定程度上转化到他们的研究中;越来越多的学生通过课程和实习,参与到实质性的、收集整理藏品和审美艺术活动中;推进和扩展了跨学科的合作,实现了艺术博物馆学术品格和工作风气的转变,艺术博物馆的内部空间布局也重新设置以适应专业课程教学和艺术传播的需要。

CUAM项目促进了大学艺术博物馆从单一的艺术学科的视野跨越到大学的其他学科,馆内的收藏和展览成为更多学科领域和机构可以利用的公共资源。通过跨学科中心、提供核心课程或扩展学术项目来加强大学人文艺术教育,在威廉斯学院、韦尔斯利学院、达特茅斯学院、芝加哥大学等高校都是普遍的做法,如威廉斯学院正在试行"经验式"学习,史密斯艺术学院正在深化"交叉性"学科的工作,鲍登学院新建立了一个"创造性"的毕业规定。

"你会发现与各学科人员的合作十分有效,过去他们却并不是你原本被狭义定义的受众。"评估报告列举了一些案例:2001年2月,在鲍登学院艺术博物馆来自21个不同系院的师生参与了同一个艺术项目课程活动;2003年4月,康奈尔大学赫伯特·约翰逊艺术博物馆为这所研究型大学的众多院系的学科融合与发展服务,包括地球和大气科学、园林、语言学、工程技术学、数学、物理学,等等。

评估报告还对一些大学教师和学生进行了访谈。接受采访的教师认为,"艺术品实物比它的图像更有意义……当我们走进并观赏它时,就会有一种别样的寂静""艺术作品推动和激发了原创性的思想""学生与19

世纪的艺术家之间不再有距离""大学艺术博物馆,是不同于惯常思维的机构,它是一种新的模式,一个全新的环境",等等。他们普遍认为,无论是通过参与艺术博物馆的工作实践,还是通过观看展览,接触到艺术真品的艺术传播和学习活动,无疑扩展了学生的学习和思维过程。艺术学科的教师们表示,他们在大学艺术博物馆的经历已经永远改变了他们的教学方式,"我以前拒绝让艺术博物馆变成我教学中的一部分,但是每次,它都吸引着我,我最终也改变了我的教学方式。"与艺术类院系展开合作的大学艺术博物馆,也重新将注意力转移到专业教学课程以及艺术审美教育的本质上来。

CUAM 项目确实给参与的大学艺术博物馆带来了新变化,通过实习和奖学金、课程、研讨会及展览项目实施等,来自不同专业的教师和学生将原创的艺术作品整合到他们的教学、研究及学习当中,并从中得到人文艺术素养的提升。正如安德鲁·梅隆基金会期望的那样,该项目促进了人们对大学艺术博物馆使命与任务的重新审视,达成了一个普遍共识;对其所属学院及大学的核心竞争力做出积极贡献,是大学艺术博物馆需要首要关注的焦点。大学艺术博物馆逐渐被看作是大学教育活动的中心,在校园中是扮演着积极角色的"参与者",而不是处在边缘位置的奢侈品。

可以预见,CUAM 项目不仅对美国大学的艺术博物馆发展产生了积极长远的影响,也将对世界上其他高校尤其是中国的大学艺术馆建设,具有重要的启示意义和借鉴作用。

原载《世界教育信息》2011 年第 10 期;载《中国社会科学报》2012 年 6 月 11 日,标题为《建艺术馆有利创造型人才培养——美国知名大学艺术馆掠影》(有删节)。

大学精神的"气质"与"韵味"

一、以建设性的姿态探讨大学精神

现在谈大学精神,似乎很"时髦",说明大家都很关注大学,关心大学的未来与发展。大学当然应该受到更加广泛、更加深切的关注,她不仅是高素质人才培育的摇篮,更应该成为社会和时代的创新智库、文化高地乃至精神标杆。

问题是,我们应该站在怎样的立场、以怎样的心态来讨论大学精神?这其实是探究大学本质与未来的元问题,也是关系到大学精神层面及其创新发展路径的社会性、制度性、文化性问题。而在中国,大学不过刚刚度过一百余年的历程,人们对大学的认知离现代大学制度的体系化构建还有很大差距,社会转型及功利主义思潮对大学办学产生不同程度影响和冲击,社会关于大学的讨论和热议常常脱离正常的轨道呈现出感性有余而理性不足的状态。

现代意义的大学发展的根本目的,是让学生得到自由而全面的发展,大学主要目标是创造知识、传播文明和培养优秀的人才。现代大学的缔造者洪堡认为,理想中的大学应始终坚守自由、独立和寂寞的秉性。今天,特别是中国高等教育正处于全面深化综合改革的大背景下,回味和反思这样的声音,对于我们在大学历史发展的维度中,从大学文化传承创新的视角,以建设性的姿态重新审视大学精神及其本质,将具有重要意义。

二、大学博物馆是大学精神的特殊气质与韵味

从历史的视角来看,作为承担特殊使命的社会创新型组织,大学是一种客观存在,但大学之所以被称之为大学,关键是因为大学更是一种精神存在和文化存在。在这个意义上,大学这一特殊的组织是一个功能独特的文化组织,文化是大学的本质属性。

大学文化,可以说是大学在长期办学过程中形成的历史积淀、创新品格、价值取向和精神纽带。大学精神是大学文化的内核,表现为一所大学所尊崇的办学理念和大学人共同的价值追求,也呈现出这所大学的独特气质、韵味和价值规范体系等。大学精神与文化品质的诠释与塑造、大学文化的传承与认同,对每一所大学都十分重要,它渗透在教学、科研和校园生活的方方面面,必然也通过大学美术馆、博物馆这一特殊的文化传播平台予以生动呈现。一定程度上,大学美术馆、博物馆就是一所大学的文化形象或文化标志,是大学精神"气质"与"韵味"的集中体现。

大学博物馆的建立,是以大学的文化创造、学科优势和文物、标本、资料等实物藏品积累为前提的。如同社会博物馆是展示一个国家、一个民族的"文明橱窗"和"文化名片",大学美术馆、博物馆也是高校展现给社会的"文明橱窗"和"文化名片",这座散发着浓郁文化气息、科学及人文底蕴的大学精神"蓄水池",在为大学增添文化内涵的同时,也将文化育人融为自身发展的灵魂,而呈现出鲜明的文化特征。

无论是珍藏、研究、展览,还是公共教育实践活动,只要进入大学美术馆、博物馆的体系和范畴,就等同于上升到了一种大学文化范式:大学美术馆、博物馆常常多维度、多渠道地运用有形的展品、成果及综合性展示手段,将大学在传承文化遗产、传播文明的过程中深层次、内隐性的文脉呈现出来,成为校园中启蒙思想、启迪智慧和启发心灵的智识传播结合体。

某种意义上,大学美术馆、博物馆的价值不仅仅在于它拥有什么,更重要的是它利用其有限的资源,在文化传播和育人实践中做了什么。当

前,我国大学美术馆、博物馆需要进一步厘清自身的文化认知与职能定位,应该始终坚守教育性、文化性、社会性与公益性的价值坐标,将文化育人和公共服务,作为大学博物馆的本质属性和核心要求。譬如:进一步探讨如何建立适应未来的核心目标和先进的经营管理模式,以有效保障大学博物馆的科学、可持续发展;在坚持满足教学科研的前提下,扩大社会开放程度,将文化育人、文化传播和公共教育服务作为内在发展要求;在保持馆藏经典和文化水准的前提下,满足观众的参观需要,提升观众获取、利用展品信息的能力;开展各种协作、合作和学术活动,实行资源共建、共知、共享,着力提高大学博物馆的文化品牌影响力。

无论是国家文化、文物或教育主管部门,还是大学决策层,都应当从顶层和外部提高对大学美术馆、博物馆建设的重视程度;大学美术馆、博物馆自身,更需要通过观念更新、视野拓展和管理探索,特别是通过理顺、整合和创新博物馆的组织构架,破解现有体制的局限。

三、大学精神重在塑造"创造性的文化生活"

人类文明的演进及社会的进步,很大程度上依赖于文化力量的推动。从时间维度和文化学角度,把"文化记忆"当作人类文化体系中一种不可或缺的凝聚性结构和推动性力量,将不断唤起人们对历史的追溯、回味、传承与反思。大学在其数百年的发展历程中,始终把文化的内生性原动力与科学、人文、历史等范畴紧密相连,透过大学美术馆、博物馆等"文化记忆"机构,架起了连接和沟通过去、现在与未来的桥梁。雅斯贝尔斯曾指出,任何一个真正意义上的大学,都要包含三个相互之间密不可分的方面:学问传授、科学与学术研究、创造性的文化生活。

但是,在全球化、信息化背景和社会转型过程中,世界高等教育正发生着急剧变革。在这样的背景下,大学面对这一系列变化,能否始终传承和弘扬自身的文化价值观——能否坚守大学之道不动摇、坚持大学理想不离弃、维护大学真谛不迷茫,在文化传承中把握自身的核心历史使命?作为大学美术馆、博物馆,又如何与大学的文化价值观保持一致,在文化保存、文化创造和文化育人中，提升自身的文化价值？

在我看来，塑造"创造性的文化生活"，应当成为大学文化框架中大学美术馆、博物馆的主要目标，这也是反映大学精神"气质"和"韵味"的重要文化形态。而当下，大学精神的"气质"与"韵味"，尤其需要人文艺术的滋养。

人文艺术，代表着人对自然、社会与生命的理性认知与情感寄托，或者说，人文艺术是映对于人们现实生存所需"物质生产"的一种创造性"文化生产"，或者是审美对象化的精神信仰。每一个现实中的人，生命中都天然地携带着人文与艺术的基因，对它的培育与滋润、开化与发掘，将使得生命更加生动、完整。在大学校园中，人文艺术就是摇动另一棵树的"那棵树"，是推动另一朵云的"那朵云"，是唤醒另一个灵魂的"那个灵魂"。人文艺术，是大学文化的花朵，预示着心灵畅想与人文关怀，是克服大学文化异化的重要力量，是大学人的精神"滴灌"与心灵景观。

当下中国的高等教育，除了提供给学生立足于社会所必备的专业知识外，还应该提供一种超越于功利之外的大学精神培育，一种潜移默化的人文艺术涵养与体验，一种使学生终身受用的自在、自为、自省的独立思维模式。大学精神，甚至无须什么去证明，她需要的，是通过大学人的坚守、执着和自我超越，开启"创造性的文化生活"新常态。而在这方面，大学美术馆、博物馆大有作为。

本文系 2015 年 1 月，作者在中央美术学院美术馆举办的"思想与未来"首届大学与美术馆论坛"大学精神与未来议题"的主题发言，全文刊载《北京教育（高教）》2015 年第 5 期。

大学美育的流变及跨界发展

无论是从历史还是从现实的角度，大学美育都不是很令人满意。有人将这一结果归于大学推行素质教育不力或目标偏移。也有人说，是大学过于急功近利，造成了美育之"难"。

那么，大学美育发展之"难"，究竟"难"在何处？笔者以为，是观念转变之"难"，是视野局限之"难"，也是孤立发展之"难"。

观念转变：在流变中寻求突破

某种意义上说，今天的大学美育是一个具有流变性的领域。一方面，从文化发展的路径看，当代文化艺术的传播日益呈多样化的方式；另一方面，从艺术发展的趋向看，大学美育的公共性、社会性和辐射性，将在多元文化的激荡碰撞中，更加突显其国际化维度的表征，如科技与艺术交融、文化与美的互动、生态与时空的关切等。

德国著名美学家莫里茨·盖格尔在《艺术的意味》一书中，曾为我们揭示美学的处境："人们已经把审美现象贬低到日常生活的领域中来了；他们已经把它那些并不重要的肤浅的侧面指出来，并且认为这些侧面就是审美现象的本质。"按照盖格尔的观点，美学是一门价值科学，在美学探索的过程中，"方法比结论更重要"，审美价值是他关注的焦点。不可否认的是，我国素质教育的模式与理念，曾经在大学美育发展的历程中起到核心作用。但是，素质教育的概念化、空心化、表象化倾向，大大削弱了其本源价值体系应发挥的效应。这也许是人们无意识的、运动式的、急于求成的心理,使素质教育容易仅仅泛化为一个符号,导致大学美育在中国高校的缺失。

近年来,一些国内高校在探索创新型拔尖人才的培养模式中,开始有选择地引入并推行西方大学通识教育、博雅教育等概念,期望在提升学生的综合素质和能力方面,更多地增加人文艺术素养的比重。除此,我们是否应该建立一套能够适应世界发展趋向、体现时代变迁特征的大学美育新观念体系呢? 中国大学美育在流变中寻求突破,是一个亟待解决的理论和实践难题。在这个历程中,大学美育的观念转变的重心,首先要致力于理论上的梳理和重构,在国际化维度中建立以审美价值为内核,以受众人文艺术素养提升为目标的美育新思维;同时,还要注重从实践的范畴,更加重视美育过程、方法以及发展形态的丰富性,使大学美育成为一种经常性、普遍性、常态化和累积有效的文化育人模式。

视野拓展:在文化中营建氛围

国外高水平的大学通常把艺术视为自我表现和创造力的源泉,非常重视和探讨艺术与科学的交融、互动与并进的过程,如构思、幻想、灵感等。因此,他们早就将美育(公共艺术教育)融为通识教育的一部分,除了通过设置艺术类教育课程目标,帮助学生提高个人的艺术素养以及对创造性过程的欣赏水平,还十分注重利用有限的资源,特别是校园空间的公共艺术作品(包括永久性公共雕塑艺术、各类艺术与科技作品展览等),创造高水平的艺术鉴赏与学习经验。在他们看来,优秀的美育教育规划必须满足学生的需求,无论是天资聪颖者,或是在身体或智力、文化上处于弱势地位的学生。大学美育的主要功能,不仅仅在于开发智力,还更多地表现为完善自我情感、强调个性发展、体验甚至娱乐,尊重个人的艺术感受和体会中的互相交流。

提到美育,人们常常和高雅艺术等字眼相提并论,人为地将艺术之美的秉性划分了等级,一定程度割裂了美育传播主体和受众之间的本来联系——比如"高雅艺术进校园工程"一说,不如改称"艺术进校园推广普及计划",即去掉所谓高雅、通俗的标签,还艺术以本来的面目。艺术既不是因为进校园而变得高雅,也不是因为赋予了高雅的称谓,才有资格进到校园中——说到底,艺术是大学美育的公共载体和实现手段,在所有社会组织形态中,大学校园理应是"最"艺术、"最"文化的。

毋庸置疑,作为提升大学生审美艺术素养的基本要素之一,大学校园中的文化艺术环境,大学在其自身的发展过程中留下的历史印迹,很大程度上已内化为一种公共文化景观——那些浸透着浓郁大学内涵和文化韵味的治学、育人环境,让一代代师生从中体会到厚重而丰富的精神支撑——不但以审美的文化形态存在,而且也以公共艺术物化载体的方式,与大学校园中常常举办的各类艺术或科技创新展览一道,产生文化艺术传播效应,共同构成大学校园中的具有"美育"特征和职能的公共艺术境界。这对于学生在潜移默化中接受艺术审美教育、感知多彩而又复杂艺术世界、融入大学的文化艺术传统之中是至关重要的。

从这个视角看,大学美育既是一种公共氛围与体验,也是大学核心价值观、文化观的艺术反映。

跨界发展:在多元中提升品质

大学美育涵盖的范畴十分广泛,涉及美术、音乐、表演、设计、影视等诸多学科门类,是一个十分庞杂的知识结构及审美体系。事实上,以公共艺术教育为核心的大学美育,已经渗透到当今世界高等教育的各个方面。大学美育的多元化、多层次、多模式跨界发展,作为一种激发学生创造性心灵与想象力的重要媒介与方式,正日益受到大学人的关注。

大学美育的跨界发展,应注重在跨学科、跨领域基础上的品质发展,这既是大学文化发展的必然逻辑,也是大学人自身发展的共同愿景。在新科技时代背景下,所有的艺术,正如我们生存的环境一样,都因其多样的创作实践和丰富性内涵,体现了人类精神与心灵的创造性、实验性和交互性,它们常常融合科学与人文之精髓,突破某一学科领域的局限,成为审美艺术空间的子集。因而,大学美育的跨界,是跨科学精神之界,跨人文精神之界。只有将艺术之美熔铸于科学之基、人文之魂时,大学美育的势能效应才会散发出勃勃的时代生机。

原载《中国社会科学报》2011 年 4 月 12 日

文学艺术是大学文化的花朵

　　德国哲学家亚斯贝尔斯说，大学是"教育新人成长的世界，是个体之间富有生命的交往"，教育本身意味着"一棵树摇动另一棵树，一朵云推动另一朵云，一个灵魂唤醒另一个灵魂"。然而，在今天的大学校园里，传统、现代与后现代思潮的现实冲突，使大学的特殊"韵味"变味。

　　这并非危言耸听。面对时代的喧哗与噪音，大学这块净土似乎正被世俗不断地解构，被边缘化、功利化、行政化。世俗文化试图解构大学的一切，那么，濒临解构的大学该怎么办？大学如何坚持自己的标准与底线？用什么样的方式与手段守住精神与理想、营建本应固有的那种特殊的"韵味"？

　　今天大学校园的"韵味"，尤其需要文学艺术的滋养。在大学校园，文学艺术就是摇动另一棵树的"那棵树"，是推动另一朵云的"那朵云"，是唤醒另一个灵魂的"那个灵魂"。文学艺术，是大学文化的花朵，是克服大学文化异化的重要力量，是大学"韵味"的生长基因，也是大学人的心灵景观。

生长是本质特征

　　大学作为传播知识、弘扬学术、文化育人的机构，从一开始就不是故步自封、停滞不前的，大学文化的内涵在传承、创造与发展中不断延续深化。从本质上讲，文学艺术是大学人特别是大学生个体生命发展的内在要求,是其提升精神品质的活动和存在方式之一。大学校园文学艺术的最高境界,就是它的生长始终伴随着莘莘学子的成长,它以文学与艺术的内在力量和潜在特质,激发大学人的灵感、想象与生命激情,融入大学人特别是青年学生的生命血脉。

审美是文化品格

文学作为语言和情感的艺术,是人在充满激情与活力的创造性劳动中,借助一定的知识能力、社会经验和生命体验,反映和表现精神与物质、心灵与审美的相互作用、相互交融的过程,它具有精神审美的性质。对于大学人这个特殊群体,审美更应成为大学校园文学艺术的"附加值"。文化意蕴和审美特质,不能也不该脱离大学校园文学艺术的躯体。审美既是大学校园文学艺术本应担负的职责,也是大学校园文学艺术的文化品格。

寂寞是内在个性

寂寞不是沉默,寂寞是一种氛围与境界,寂寞意味着坚守与眺望。大学校园文学艺术需要耐得住寂寞的品质和心态,需要以自由的、沉静的心灵与喧嚣的世事作抗争。更多的时候,相对寂寞的文学艺术对于大学人,更是一种无形的精神支撑与某种未知的力量。

大学校园呼唤文学艺术。当大学人的思想、语言和行为外化为文学与艺术的形态,其存在就会变得深邃而灵动、丰富而宽阔,其成长的氛围就如同绿色森林中无数精灵的舞蹈,生命之音符跃然于时空,精神之旗竖立于潜移默化的语境、面向未来的信念中。

原载《中国社会科学报》2012 年 1 月 6 日

艺术:影响大学发展的重要力量

当今世界,全球化趋势、科技进步以及多元文化的交融与碰撞,一方面深刻地改变着大学的生存发展空间和外部环境,另一方面也以一种新的文化景观或文化艺术形态影响和改变着每一名大学人。大学发展本质上是一种历久弥新的文化积淀,是大学文化建设过程中的继承和创新。大学文化场作为大学文化的一种存在形态,随着时间的推移和不断建设、积淀,使大学文化实施影响、产生辐射、生发效能的特殊文化生态圈,是探测大学文化建设轨迹与效果的"能量函数"。

大学公共艺术是大学文化的花朵,它赋予大学文化生动而灿烂的形态,是反映大学精神的"物化的意识"和反映大学人理想追求的"诗化的情景",是寄托大学人艺术审美和精神理想的载体,是大学文化场中无处不在、最具魅力、文化表征和影响力的因素之一。大学公共艺术主要包括大学文化景观和大学美育公共艺术空间,它们以不同的形态产生艺术传播效应。大学公共艺术建设不仅仅是大学决策者的事,也不仅仅是公共艺术家的事,其建设流程包含构想、决策、采纳、实施、融合、评估等环节,本质上它是让更多的大学人亲历并积极参与的一项文化实践活动。

在公共艺术视阈、大学文化价值系统及文化育人的总体框架中,大学文化景观作为一种特殊公共艺术形态,是反映审美艺术特征和大学文化价值的公共性文化教育环境,它与校园的空间环境产生互动、与审美的公共艺术生发机能、与物化的校园意境空间相对接,常常以校园雕塑和景观艺术的面貌出现,作为校园空间区域的文化焦点,并被赋予新的审美艺术内涵和大学文化的双重意义。

大学文化景观的艺术意志即其艺术风格,它的艺术审美特质能够转化为一种无形的象征力量,揭示和体现大学文化育人本质及大学人存在的精神意义。大学文化景观的结构由艺术观念层、语言手段层、材质介质层、审美精神层等方面组成,其审美机能把大学人的日常生活经验和审美体验区分开来,并且给观者带来表层艺术效果、深层艺术效果两种不同的审美体验。

从表现形态上看,大学文化景观主要包括写实具象的主题艺术形态、形神兼备的情景艺术形态、写意抽象的时空艺术形态、综合集成的互动艺术形态四个类型;从分类上看,大学文化景观则包括了大学精神和治学文化景观、主题性纪念雕塑、艺术创意思维雕塑、校园空间设施及标识性景观、大型主题壁画、特色文化及其他装置景观等艺术形式。

大学文化景观艺术表现的价值,就在于以想象力为基础,以公共艺术的形态表现大学人情感,为大学自身创造一种想象性经验或活动,并协调统一于科学精神、人文精神的文化意蕴与艺术境界之中。换句话说,大学人和艺术家在共同创设公共艺术作品的过程中,所能抵达的科学精神与人文精神的层级和深度,是决定大学文化景观艺术境界与文化意蕴的关键。

当下,那些在大学发展进程中长期被忽视的文化艺术因素,应引起大学管理者的高度重视。既要重视大学文化景观建设与艺术生态、前沿探索的对话反思,从文化育人的视角看待大学文化景观的多重效果;更应该以科学精神与人文精神的融合及弘扬为主线,注重对大学精神的艺术抽象与凝练,注重大学人的精神需求和建设预期成果的艺术审美价值、科学人文价值、校园生态价值和历史文化价值,使艺术成为推动大学发展的重要的力量。

原载《亚洲精神:韩中产学学术交流集》韩国首尔科技大学出版社2012 年 11 月版

大学需要艺术的滋养

"如果每一所大学都像北航这样,有一座展览不断的艺术馆,让那些异彩纷呈的艺术品,激发莘莘学子的创造灵感,静静地伴随同学们心灵的成长,大学培养创新人才的夙愿,也许才不会是句空话。"这是 2012 年 5 月 5 日,一名社会观众在北航艺术馆观看"北航新媒体艺术与设计学院学生优秀作品年展"后,写下的留言。此时,还有十天,北航艺术馆即将迎来她落成六周年的生日。

六年来,通过将高雅艺术引入校园,北航艺术馆以"灵感需要空间、想象插上翅膀"为主旨,已连续举办近 120 场高品位的展览——20 世纪中国文学大师风采展、中国美术馆馆藏国画经典、世界艺术大师达利、毕加索、希施金作品展……吸引了超过百万人次的校内外观众,被媒体誉为"中国高校最有影响力的公益性公共艺术传播空间"。

可以说,艺术及大学公共艺术的传播,是大学文化系统中的一种特殊的审美意识形态,对于创新拔尖人才培养,对于大学文化的创新发展、大学人个体人格健全和生命活力的张扬,具有非同寻常的价值。大学办学,实质是通过大学的历史积淀形成的文化"内化"于大学人个体,并通过富有创新精神和主观能动性的个体创造不断推动大学的延续和发展。应当看到,大学教育不仅包括对学生专业知识和技能素质的培养,还包括使学生的视野更加宽阔、情操更加高尚、灵感更加丰富、思维更加活跃、人格更加健全的文化艺术素养教育。大学文化育人的过程,则表现为一系列有意识的大学教育实践行为,使大学人对本身特有的总体认知、理想追求和价值取向进行"内化""主体化",从而形成个性鲜明的文化育人特征。

在这个意义上,大学公共艺术传播即是大学文化育人的重要模式之一,是通过具有审美意识形态的艺术展览活动开展的美育实践行为和手段,它是大学文化传播的"高能带"和"新元素"。"高"体现于艺术本身的巨大魅力和传播效应,"新"则因为它过去不受重视或往往容易被忽视。高品位、多层次、不同类型的艺术展览是提高大学人文化艺术素养的重要方式,它以潜移默化的方式影响和感染师生,特别是启发大学生的创新灵感、发掘大学生的艺术天赋、活跃大学生的文化生活、提高大学生的综合素质,从而达到大学公共艺术传播文化育人之"内化""美化"人的效果。

实际上,艺术在大学发展特别是人才培养中的重要作用,是毋庸置疑的。世界上许多知名大学都十分重视大学公共艺术传播和人文艺术氛围的建设,设有专门的艺术馆、美术馆或艺术博物馆。它们在办馆理念、思路与实质内涵等方面,都有着广泛的一致性:作为以研究、教育、收藏、赏析艺术和传播艺术为目的的非营利性组织机构,它们秉承促进大学文化发展和社会文化传承的宗旨,坚持定期或不定期举办各类文化、艺术、科技展览及学术活动,广泛开展人文艺术素养教育,致力于为大学人及社会公众的文化精神需求提供人性化、个性化、精细化的服务,其作用与效果已获得社会的高度认同。

评判一座大学艺术馆成功与否的标准,一个重要的依据是其举办展览的艺术品质和影响力,以及如何在持续性的展览策划和举办过程中,形成自己的学术追求与鲜明风格。六年来,北航艺术馆经历的是一个从无到有、从有到逐步完善的过程,唯有通过持续举办展览来拓展和发挥艺术馆的"造血"功能,不断扩大自身影响、赢得更多的支持。因而成立伊始,北航艺术馆就确立了以展览为核心的工作模式,组织构架、运行条件与管理制度、策划执行与学术保障等环节,都围绕举办高水平的展览这个核心来构建,逐渐形成了以自主策划举办"双年展"为核心,以策划举办常规展、邀请展和申请展三类形式为板块的良性运作机制,涵养和积淀了浓郁的大学公共艺术传播文化场。

今天的中国大学校园,无论是学生还是教师,都太需要艺术的滋养了。正如吴冠中先生生前在北航艺术馆举办个展时所说:"这才是大学,这才是美育,中国的大学早就应该这样了。"大学艺术馆的价值,就在于其举办的每一次展览,以及这些展览所累积而成的"文化场"。

如果说,大学艺术馆是大学文化土壤中播种的一粒发芽、开花的种子,那么,它应该以公共艺术传播为手段,展示对人的成长与发展的关注,对生命与自然的感悟,以及对社会与未来的思考。

原载《中国教育报》2012 年 5 月 28 日

缺乏文化艺术氛围的大学难以培养一流人才

受访者/蔡劲松

采访者/《中国科学报》记者陈彬

对于很多人来说,5月15日是一个很普通的日子,但对于北京航空航天大学的师生们,这一天却常常是一场校园文化盛宴开始的日子。

2006年的5月15日,北航艺术馆落成暨首展揭幕,六年来已连续举办展览120多场;2011年的5月15日,北航文化与艺术传播研究院正式成立,作为一个开放的文化建设及传播平台,在探索将办学优势转化为创新人才培养、先进文化传播优势的过程中,取得了初步成效,凝练形成的文化景观、人文滋养等品牌,获得了全国高校文化建设优秀成果一等奖、特等奖;而在2012年,由该校校友捐赠的晨兴音乐厅又在5月15日这天正式落成,并举行了首演仪式。这样的安排或许是巧合,或许是有意为之。但无论如何,频繁的文化盛宴反映的是北航对于校园文化建设的重视。别忘了,在2012年4月1日,该校还在沙河新校区正式建成并启用了新的人文艺术素养教育基地——艺文空间。

作为一所理工科大学,为何如此痴迷于艺术、文化建设?在这方面,他们又有着怎样的规划与部署?

理工大学更需文化气息

"大学不仅是知识的守望者,更是社会主义核心价值体系和先进文化的践行者、推动者",在接受记者采访时,北京航空航天大学宣传部长兼文化与艺术传播研究院执行院长、艺术馆馆长蔡劲松这样说道。

蔡劲松表示,大学文化是高校战略发展的重要组成部分,也是学校核心竞争力之一,但不同的学校对于大学文化追求的侧重点也有所不同。"近年来,我们一直在探索如何继承和弘扬北航的优秀文化传统,并将其有效地融合进科学基础、专业实践能力和人文素养,并贯穿到人才培养全过程。"

早在 2004 年,北航制定了《北京航空航天大学文化建设规划(2005年 – 2010 年)》,在国内高校中率先对学校文化建设做出了整体规划。自此之后,该校又相继出台了多份指导性文件,在一次次的讨论、一份份的文件中,一条清晰的大学文化发展思路慢慢浮出水面。

"北航是一所以理工科为主的研究型大学。因此,我们开展文化建设,首先面对的问题便是:大学文化对于一所具有空天信融合特色、服务国家战略需求和经济社会发展的高校来说,重要性何在?"蔡劲松说。

对于这一问题,在不久前举行的晨兴音乐厅落成仪式上,北航校长怀进鹏院士曾有过一段论述:"科学源自想象,艺术唤起情感,而科学与艺术的共同追求是创新,科学与艺术犹如鸟之双翼、车之双轮,没有丰富的情感表达,缺少广博的智慧激荡,也难以取得科学技术的重大创新。"

"校园中的文化、艺术代表着心灵畅想与人文关怀,"蔡劲松说,而这种人文关怀满足着我们在追求真理过程中的真实情感渴望。"从这一角度上说,文化、艺术气息对于理工特色的大学更为重要,一所缺乏文化艺术氛围的大学也很难培养出一流人才。"

文化建设需找寻价值认同

2010 年 5 月,北航党委常委会正式研究决定,将以温家宝同志诗歌作品——《仰望星空》为歌词创作的同名歌曲定为校歌,这也是广大北航师生和校友共同的夙愿。校歌的确定,标志着北航的精神文化建设体系进一步完善。"《仰望星空》这首诗意境阔大而深邃,很好地契合了北航人服务国家战略需求的科学创新精神和人文情怀。"蔡劲松说,从这首诗中,北航人找到了属于自己的价值认同。

"一所学校的文化建设体系并非只包含某个单一维度,而是应包括精神文化、制度文化、物质文化、行为文化等四个维度的推动,它们彼此间的有机互动,才能促进文化建设的整体推进。"蔡劲松说,而这四个方面虽然内容各有侧重,但需要遵循一些基本目标,比如对核心价值的认同。

他解释说,每所高校历经岁月的洗礼,都会留下属于自己的历史积淀和个性特征,这些沉淀与个性结合社会整体的文化价值认同,便会形成一所学校的核心价值理念体系。而文化建设的一种重要任务,便是使这种文化价值体系深入到每位师生的内心,内化为其自发的情感激励。

近些年,北航十分重视对治学办校理念的更新完善。在 50 周年校庆之际提炼形成的"尚德务实、求真拓新"的办学理念、"德才兼备、知行合一"的校训,得到广大师生和校友的广泛认同。前不久,学校为迎接今年 10 月建校 60 周年华诞,还专门召开了北航精神研讨会,怀进鹏校长做了"爱国荣校、敢为人先、开放包容、笃行坚卓"的主题讲话,对北航精神的意蕴与内涵做了深刻概括和阐释。

文化存在于校园一草一木之中

由于有了艺术馆、音乐厅、博物馆等一批文化传播平台,近年来北航的校园文化活动开展得十分丰富。但对于生活在这所校园中的 2 万多名在校生来说,这些活动也并不是每个人都有机会参加。然而在蔡劲松看来,艺术演出、展览等固然是学生的"文化大餐"之一,但绝非唯一。

"高校文化建设的核心内容是其办学理念以及以校训、校风、校歌等为核心的治学文化,这些内容十分重要,但看不见、摸不着,我们需要用公共艺术的形式将其固化。而这种固化是不拘于某种单一形式的,校园里的每个建筑、每座雕像其实都是文化建设的一部分。"蔡劲松说。

正如他所言,近年来,北航在新老两个校区里,分步建设了主题雕塑《世纪之声》、校训树、军工文化长廊、科学精神主题园等 30 多件与校园环境融合、艺术品位高的公共艺术作品,在校园中形成了特殊的文化艺术传播场。

"这是一种'外化于形、内化于心'的传播手段",蔡劲松说,这些雕塑与文化景观蕴含着丰富的艺术审美价值、科学人文价值、校园生态价值和历史文化价值。对此,他在其刚刚由中国青年出版社出版的专著《大学艺境——文化视野与公共艺术》中,进行了深入探讨。

"事实上,每所大学的一砖一瓦,每一个文化景观,每一棵粗壮的大树,背后都会有自己的故事。这些故事又与学校的历史、文化沉淀相融合,从而构成了一种立体的文化氛围,每所高校都不应该忽视蕴藏在校园一草一木中的文化。"蔡劲松说。

原载《中国科学报》2012 年 7 月 18 日

文化与艺术:大学发展的生命基因

——答杨悦浦先生问

蔡先生:

您好!冒昧地打扰您。

我们编辑了一本杂志《德泰艺术·视界》已经出本了两期,美术类刊物,关注已经定型的艺术家的艺术和人生经历以及创造体验和心得,此外就是关注一下美术创作、教育等方面的当下情况。现在试着办起来,也没有国家正式刊号,办上两年之后再和出版社联系解决正式出版方式。

我让编辑部给您寄上两期,请您指教。

我在2012年5月23日的《文艺报》上,读到了您写的《校园景观:大学精神的内化》,也看到了副刊《原上草》的刊头图用了您的雕塑,都很好。

我还没有全部读完您的著作《大学艺境:文化视野与公共艺术》,但已读了《绪论》。

我不懂大学的各种建设理论,所以读了您的著作,倍觉清新,打开了一个新的视野,促使我学习到一些新东西。当然读起来也有点吃力。

夏季我的颈椎病捣乱,一读书就有些眩晕,只好把您的全书放到秋季之后再读了。

这些日子,我的脑子还是"游走"在您的绪论中,并从中也想到了我们美术教育的一些问题,想向您请教。

例如:您说的"公共艺术",在我看来与我们美术专业方面讨论的公共艺术多少有些不同,当然美术的视野毕竟是在一个狭小的专业领域,不及您所提及的视野开阔。所以,我更想知道这二者之间,您有过比较吗?

现在理工科大学有很多艺术院系,如清华大学,你们学校似乎也有,这样的院系与美术类院校的根本区别在哪里?现在的中央美术学院也有建筑系等原本没有的院系,这样的相互重叠的设置,之间又有什么不同?

理工科院校的艺术类院系,目的性如何?一般理工科学生会上一些艺术类课程,也可能与在本校设立的艺术类院系学生所学课程不同,这些课程,会转化成何种成果?

比较而言,艺术类院系的学生是否也可以有理工科的课程,以提高他们的逻辑思维?

现在全国美术类院校,还是单纯的美术教育,文化课的教育也有缺失,其弱点是,在学生们走出学校二三十年就会反映出来,反而是那些有基础文化的艺术学子占有社会资源,要比缺失的人有优势。像这样的问题您关注过吗?

现在美术院校教育已经过盛,学生们出了校门已经不容易获得很好的就业机会。除了极少数进入体制内工作之外,绝大多数都要进入社会职业画家的行列,或者被迫改行。而职业画家的生存完全靠市场葆养,市场的资源又是有限的,那么源源不断的后续培养又如何解决生存问题。我不是想请您回答我的这个问题,我是想问问,这样的问题您思考过吗?既然美术类院校已经饱和,那么又有理工类院校培养出可能比艺术类院校更多的艺术类学生,他们的前程作为教育部门有过什么样的规划?

当然我的这些问题或许很幼稚,或许当我读完了您的全书之后就可以找到答案。

可是,我的好奇驱使我提出这样的问题也有个"不可告人"的目的,是想请您把您的这本书的《绪论》中提到的一些观点,用浅显一些的语言就"大学艺境"给我们做个"解释",如果肯于赐稿,能否给我们刊物一用?

我们的读者,大多是中年以上的画家,他们画画还可以,对社会上很多问题的认知,和我一样的简单,很需要您这样年轻的学者点拨。

讨扰了。

杨悦浦

2012 年 7 月 1 日

杨老师:

您好!

寄来的两期《德泰艺术·视界》已拜读,感到刊物品位高,学术性、艺术性都很好,尤其是您关于编《美术》通讯的访谈,具有思想价值和史料价值。而两篇随笔,轻松中能让读者会心一笑,却也引人深思。这年头,这样的好文章真是难得。

感谢您对拙著《大学艺境——文化视野与公共艺术》一书的赐教与鼓励。近些年,因为长期在高校宣传文化领域工作的关系,我逐渐将学术研究凝练到大学文化、公共艺术建设和传播等方向。值得庆幸的是,我的工作不同于一般社科学界单纯的"空对空"理论研究,我的问题一开始即来自实际工作的困境与思考——今天的中国大学,到底需要什么样的大学文化? 如何才能推进大学文化传承与创新? 当下大学文化建设中,最缺乏生长活力的基因是什么?

诸如此类的问题,当然不是我一个高校宣传文化职能部门的负责人能够独立地解释的。但是,我希望,透过自己在文化建设实践中的探索和努力,以及在这个过程中碰到难题后的理论求解,能够起到一种互为因果的启示作用。几年下来,我从理论体系上对大学文化内涵的梳理,从大学公共艺术的两个重要方面——文化景观与艺术馆建设开展的工作及理论探讨,积累了初步的成果。大学文化建设的"北航模式",也受到越来越多的关注,对大学生的人文艺术素养教育发挥了一定作用,对许多兄弟高校也起到了一定的借鉴价值。

关于公共艺术,我的确是希望在一个更宽广的范围中进行讨论。事实上，关于公共艺术的概念非常之多，谈不上谁对谁错。如您所说，当前关于公共艺术的话题，大多限于美术类专业本身的视野。这当然会带来一些局限性，特别是在今天这个文化日益多元化的时代。我曾在2011年第3期山东工艺美院学报《设计艺术》发表《论公共艺术的内涵及文化属性》一文，提出"公共艺术存在于现实物理世界与意象艺术世界的交汇点上，已构成社会学意义上的一种结构模式和文化形态，是社会公众精神审美的载体与艺术栖息地，是社会文化领域的开放性平台，是艺术观念、现象与社会公众、个体发生关联的纽带，是一种蕴涵丰富人文精神和创新品格的文化艺术发展样式。"在我看来，当代公共艺术是一门交叉学科，除了要具备公共性与艺术性的特质，更应是一种以"艺术"为前提、以"创新"为品质、以"文化"为属性、以"互动"为语境、以"发展"为指向的崭新的文化现象与景观。

关于第二个问题，办艺术类院系或专业，是否应该是美术类院校的"专利"呢？我以为不是这样的。一所高水平的大学，总是以其若干特色和优势学科为主要支撑的。比如北航，一直以航空、航天和信息等学科的领先优势，为国家和社会做出卓越的贡献。但是，从人才培养的规律来看，大学的教育，除了专业知识的传授之外，科学精神、人文精神、大学精神和艺术素养的培育，同样不可或缺。我想，北航等理工特色高校创办新媒体艺术与设计学院、工业设计系等，除了拓宽学科专业面向的直接原因外，这也是一个重要因素。我于2006年创办的北航艺术馆，坚持公益性、专业化、高品位的宗旨，迄今已举办了120多场展览，可以说是基于突出以文化育人为核心的艺术教育与传播，艺术品质、学术品格和社会影响与日俱增，向师生及社会观众开启了欣赏艺术之美的窗口，起到了文化艺术润物无声的作用。

我对美术类院校的情况不是太了解。但是，就我接触和掌握的情况看，美术类院校专业教育"过盛""饱和"，导致学生毕业即失业等问题，原因肯定没有表象那么简单。从根本上讲，艺术和美术教育，是一项综合性要求非常高的事业。美术类院校不能故步自封，不能只强调自己是专业教育的"正宗",即便是培养某一个细分的美术领域的人才,其实更需要培养这些未来的艺术家们具备厚重的人文基础、文化积累乃至科学素养。就像理工科大学不应拒绝精品文科、艺术类学科的建设一样,美术类高校同样也不应拒绝其他学科的适度介入,否则就会失去专业发展的相对优势。当然,要让自己培养的学生能够适应国家和社会发展的需求,外部社会的变迁和各种观念的影响,以及学生个体的价值观导向等问题,也应引起包括美术专业在内的高等教育工作者的高度重视,不断探讨解决这些症结的对策。

前不久《中国教育报》约我写一篇关于大学文化和艺术教育方面的文章,我选择了《大学需要艺术的滋养》的标题,刊发在该报 2012 年 5 月 28 日的"高教周刊"。我说:"艺术及大学公共艺术的传播,是大学文化系统中的一种特殊的审美意识形态,对于创新拔尖人才培养,对于大学文化的创新发展、大学人个体人格健全和生命活力的张扬,具有非同寻常的价值。大学办学,实质是通过大学的历史积淀形成的文化'内化'于大学人个体,并通过富有创新精神和主观能动性的个体创造不断推动大学的延续和发展。"

今天的中国大学,当然,一定程度也包括不少国外大学,功利性的东西太多,焦急、浮躁、急功近利,在许多高校都有不同程度的表现。我天真而固执地以为,艺术,或许可以逐渐地改变和营造良好的校园文化生态,艺术不仅可以滋养每一个生命个体的心灵,它同样也是滋养大学存在和发展的生命基因。最近,《中国科学报》的记者对我做了个专访,用了《缺乏文化艺术氛围的大学难以培养一流人才》这个题目。我认为,大学校园中的文化、艺术预示着心灵畅想与人文关怀,而这种人文关怀满足着大学人在追求真理过程中的真实情感渴望。所以,我 2010 年在《西安交大学报(社科版)》上发表的《对大学公共艺术的反思——兼谈大学艺境构建》一文中,提出了"大学艺境"的概念,《新华文摘》"论点摘编"栏目还进行了转载。

我认为,"大学艺境是指大学校园中固有的特殊审美韵味,那种融合大学文化演进过程中审美变迁与时代美感的综合氛围，即校园中公共的、文化的、纯粹的、艺术的境界。"实际上，大学艺境是大学文化场的特殊重要形态，即大学公共艺术场。公共艺术在大学文化场中无处不在，它以不同的方式和形态产生审美艺术效应，从而积聚形成大学校园中最具魅力、最有影响力的文化艺术场。在一定程度上，大学艺境反映的是大学文化历史进程中的审美变迁与时代美感召唤的融合。大学艺境不仅仅是大学校园中美化的、艺术的环境，它更是一种新的理念和文化取向，是大学人的审美价值观，是超越大学文化历史传统和自然传承的文化发展观。

提出大学艺境的概念，是为了更加鲜明地突出艺术及审美在大学建设发展中，特别是当大学的发展进程面临文化异化危机、面对现实的冲突与抉择时的重要意义和作用。大学公共艺术作为大学文化的"花朵"，在理想与现实的冲突及抉择中，必将通过其建设和传播实践，成为这个时代影响大学及大学人发展的核心力量之一。

以上赘述，权且作答。不妥之处，请您不吝赐教。

顺颂夏安！

劲松

2012 年 7 月 15 日

原载《德泰艺术·视界》2012 年第 3 期；收入作者随笔集《云影松风》，中国青年出版社 2013 年 3 月版。杨悦浦，著名画家、美术评论家，原中国美术家协会《美术家通讯》主编、编审。

让艺术驻校　与艺术为友

——实施北航首届驻校艺术家计划札记

　　2013 年 11 月 10 日下午 4 时,当我指导最后一名同学在他的山水习作画面中题上名款、盖完名章,我长长地舒了口气。历时一个月、每周 2 个单元共 16 学时的"北航首届驻校艺术家计划·艺文赏析与体验"教育项目之"中国山水画赏析与创作"课程,终于完成了课堂和实践环节的教学内容,结出了初步的果实。

　　坦率地说,一段时间里,我和驻校艺术家石晋先生心里都没有底。16 个学时的"师徒传承"中国绘画传统教学模式、课堂内外驻校艺术家和导师组同仁的悉心辅导,能够使这些大多数来自理工科专业并且绘画基础"零起点"的同学,尽快掌握进而完成山水画的临摹甚至创作吗? 如今,36 名同学交出了 60 幅完整的答卷。这 60 幅山水画临摹或创作作品,稚嫩中不乏笔墨的精彩和人文的境界,呈现出富有意趣的独特风景,给人的震撼远远超出了我和石晋先生的预期。

　　次日,36 名同学如约将 72 篇短文发到邮箱——我预先给大家布置了三个题目:《我成长过程中经历的艺术》《如果我是一名艺术家》(这两个题目可二选一)以及《参加艺文赏析与体验项目课程的感受》(该题必写)。读着这些充满真情和灵性的生动的文字,我被强烈地感染了,我内心释然若同学们描绘的画面,仿佛触及到了青春的潜力和生命的真性,获得了一份充盈的信心:这些可爱的同学们,他们每个人都是主角,都有着纯真的情怀、独立的思考和闪亮的梦想,都在不断地增添生命的温暖与厚度、传递着艺术的天赋与能量……

现在,将这 36 名同学的 60 幅山水画习作和 72 篇文字结集出版呈现给读者诸君,让大家原汁原味地领略我们倡导"让艺术驻校、以艺术为友"为主要内核的人文艺术素养教育探索与尝试之成果,或许远比我们发表几篇所谓经验性的理论文章、出几本大部头的专著要急迫和重要得多。

一、我们能够提供什么样的大学人文艺术素养教育

经常有人问,中国的大学教育到底能带给学生什么? 无论是钱学森之问,还是越来越多的家长徘徊在将孩子留在国内或者送到国外念大学的两难境地之间,都说明了一个不容辩驳的趋向:当下中国的高等教育,除了提供给学生立足于社会所必备的专业知识之外,一种超越于功利之外的大学精神培育,一种潜移默化的文化艺术涵养与体验,一种使学生终身受用的自在、自为、自省的独立思维模式,以及对生命个体生长的尊重与潜力发掘,对人生境界的气质营建与综合能力储备,都理应是值得大家期待的大学教育供给体系的重要内涵,当然也是我们深化大学人文艺术素养教育所面临的前所未有的挑战。

关键是,这样的思考不能仅仅停留在理性的层面上,其实问题的核心必然是在文化传承创新的视域中发出"我们能够提供什么样的大学人文艺术素养教育"的时代追问。只有同时解决了为何做、是否做、做什么和怎么做,提出这样的问题才具有现实价值。

今天的中国大学,功利性的东西太多,焦急、浮躁、急功近利,在许多高校都有不同程度的表现。我天真而固执地坚信,文化与艺术,是大学发展当然也是大学人成长和发展的生命基因。特别是大学校园中的文化和艺术,预示着心灵畅想与人文关怀,而这种人文关怀满足着大学人在追求真理过程中的真实情感渴望。艺术,不仅可以滋养每一个生命个体的心灵,还能逐渐地改变和营造良好的校园文化生态,甚至转化为具有特殊人文韵味的"大学艺境"。

　　《新华文摘》曾经转载过我一篇文章中关于"大学艺境"的论点。我以为"大学艺境,是指大学校园中固有的特殊审美韵味,那种融合大学文化演进过程中审美变迁与时代美感的综合氛围,即校园中公共的、文化的、纯粹的、艺术的境界。"审美可以改变人生,审美同样也可以创造生命的价值。特别是当大学的发展进程面临文化异化危机、面对现实的冲突与抉择时,将人文艺术素养看作是大学文化的"花朵",将"让艺术驻校、以艺术为友"看作是深化大学人文艺术素养教育根本理念之一,以此反映大学文化历史进程中的审美变迁与时代美感召唤的融合,积聚和营建大学校园中最具魅力、最有影响力的文化艺术场,进而在文化育人实践中,推进和完善人文艺术素养教育方式和途径。

　　回顾 2006 年 5 月,我们创办以"公益性、专业化、高品位"为宗旨的北航艺术馆,以 7 年多来连续举办高水平艺术展览 150 余次之数字,持之以恒地、寂寞地留下了国内综合性大学探索公益性人文艺术素养教育与公共艺术传播实践的记录;2011 年 5 月,学校成立了北航文化与艺术传播研究院,期望通过关注与回应国家文化发展和文化育人需求,在文化建设和研究、文化交流与合作、公共文化传播以及人文艺术素养教育等方面,在促进科学精神与人文艺术的交融互动中,做出有益的尝试,取得实质性进展,建立起受惠于更多师生乃至社会公众的文化艺术教育传播体系;2012 年 5 月,北航音乐厅正式落成启用,一年半来已引进和推介了 50 余台共 70 余场海内外高水平的音乐、舞台艺术精品演出,其"文化性、艺术性、经典性"的定位以及"推广高雅艺术演出、提供艺术赏析服务、深化艺术素养教育"的宗旨正在逐步落实。

　　事实上,近年来北航已自觉地将人文艺术素养教育纳入大学文化建设及传播体系,通过不断完善的文化传播平台提供多样化的文化艺术体验,提供涵养大学文化底蕴的校园人文艺术环境,在注重对学生专业知识和技能素质的培养的同时,更加重视使学生视野更加宽阔、情操更加高尚、灵感更加丰富、思维更加活跃、人格更加健全的人文艺术素养教育的探索与尝试。

二、关于驻校艺术家计划的构想与艺术家的遴选

驻校艺术家计划,是北航文化与艺术传播研究院承担的学校重大教改课题"大学文化视阈中校园人文艺术氛围生成机制及传播途径研究"的重要内容之一。该课题是我们深化人文艺术素养教育的重要手段,以"艺文赏析与体验"教育项目为依托,以高品位艺术展览、高水平文艺演出、高层次人文艺术讲座、高端艺术家驻校引进为维度,真正使"让艺术驻校、以艺术为友"的观念落实到育人实践中。

在前期充分调研、论证与开展艺文活动并行推进的基础上,2013 年 7 月,我们制定发布了《北京航空航天大学驻校艺术家/作家实施办法(试行)》。该办法包括总则、聘任细则、管理细则和附则四部分,希望通过率先在国内该校实施驻校艺术家计划、将知名艺术家引入校园为试点,开设限定类艺术实践选修课程,开展传统"师徒传承"艺术教育形式,提供人文艺术赏析与体验的短期教学,进一步启发大学生的创新灵感,激发大学生的文学艺术天赋,为拔尖创新型人才的培养提供鲜活的教学改革与文化育人实验样本。

应该说,实施驻校艺术家计划,就当下中国大学人文艺术素养教育领域而言,是一个非常有意义的开创性探索。这对于大学生的人文艺术素养的拓展,对于大学校园文化氛围的提升,都具有重要的价值。关于北航首位驻校艺术家的遴选,我们十分慎重,经权衡再三、反复斟酌、多次沟通,最终决定邀请著名艺术家石晋先生,一方面说明石晋先生在艺术创作上的突出成就以及他在艺术教育方面的独到经验与积累,另一方面,他本人也有强烈的参与这个项目计划的愿望以及全身心投入艺术教育实验的充足准备。

石晋先生原名欧阳伟,1944 年出生于印度尼西亚。1963 年江西师大美术教育系毕业留校任教。20 世纪 80 年代起侨居中南美洲及美国,长期从事国画、油画及岩彩画创作。1999 年回国定居,在广东创办"石晋艺术工作室",培养了山水画家数十名。曾参加文化部、中国美院、中国艺术研究院等多个绘画高研班访学,作品多次参加国内外重要艺术展览并获奖,已出版《中国当代名家画集·石晋》等多部画册。

　　石晋先生是一个具有深厚人文艺术学养、为人谦和的知名艺术家。4年前,我与他在北航艺术馆举办的一次画展上相识,从此成为艺术和人生旅途中的忘年交。此后,我们多次进行艺术探讨和创作交流,并一起做过学术沙龙活动。有一次,我到杭州出差,石晋先生正在中国美院山水画高研班访学。我坐车30多公里去与他会面,比较全面地见到了他的山水画创作成果,使我突然间有种震撼的感觉。此前,我接触他的岩彩画作品较多,具有浓烈的东西方技法融合特征和人文意识,反映了他根植于传统的艺术创新面貌。而这一回,关于他的山水画创作,我记得当时给他的强烈建议是,不必再到处去访学,要将自己形成的独特的山水画创作体系与人生感悟综合集成,创作出更多更有分量的作品存世。

　　其实,石晋先生一直以一种终身学习的姿态将四处游学当作艺术旅途中的重要方式。他长期生活在国外,接触了许多西方艺术精髓,而对中国传统文化又有着深厚的积淀。我猜测,在中国当代艺术发展的话语体系下,他不想与之隔绝,通过游学可以和不同艺术流派的艺术家探讨、交往,这个过程也是他不断提升自我、找寻艺术创作的文化之根的过程。最近几年,石晋先生带着他在广东的艺术工作室的青年画家,到处实地写生创作,无论是雁荡山、贵州苗寨,还是其他名山大川,他坚持用写生的方式激活自己创作的灵感,将身心完全放置于天人合一的大自然中,反映到日益精进的笔墨里面,以此不懈地摸索一条创新的创作路径,取得了令人崇敬的成绩。

　　作为一名年近七旬的德高望重、知行合一的长者,石晋先生的艺术人生永远处于一个不断摸索和不断进取的进程中。他的艺术成就足以教授学生丰富的艺术素养和一定的绘画创作技巧,他的人生阅历、生活态度和精神境界,更能带给学生言传身教的无形影响——那么,如果能够,为什么不请他来呢?

　　记得7月初我给远在广东的他打邀请电话,描述我们拟在距校本部

20 多公里外的沙河校区(这里入住的是 8000 余名一、二年级本科生)实施驻校艺术家计划,以及我们条件(包括经费和住宿等)局限的时候,他爽朗地笑道,"这些都不是问题,总比我常年到山区写生时住农家、在山野间啃面包的条件要好吧。"他说他非常珍视这样的机会,可以近距离地跟一流大学的莘莘学子交流,感受他们年轻的创造力,了解他们的想法和志趣,并为他们的成长提供力所能及的帮助,这是非常有意义、有价值的事情。随后,就是我们反复通过电话和邮件,沟通开设《中国山水画赏析与创作》课程、编写教程讲义、筹举"水墨造境——石晋山水画作品展"的相关事宜。任务艰巨烦琐,费心劳神,为期数月,略此不叙。

　　2013 年 10 月 11 日下午,石晋先生和夫人应邀从广东乘飞机来到北航,受到校长怀进鹏院士、党委副书记张维维教授的热情接待。怀进鹏校长亲自向石晋先生颁发了驻校艺术家聘书,他希望石晋先生在驻校期间,通过艺术展览、艺术实践课程与创作工作坊等形式,提升校园艺术与人文氛围,为北航学子带来艺术家和具有艺术家素质的视野与思考,启发同学们在科学探索中用艺术的思维方式创新,为推动高校树立科学与艺术融合的育人理念,深化大学人文艺术素养教育做出有益的尝试。

三、一个画展、三个主题词以及开花结果的收获

　　2013 年 10 月 15 日,"水墨造境——石晋山水画展"在沙河校区艺文空间正式开展。11 月 4 日,展览移师至学院路校区北航艺术馆展出。首都艺术界和校内外观众对石晋先生寄情于山水、近古稀之年仍坚持不懈到实地写生并倾心山水画创作,以及用深厚的笔墨功底、具有创新性的理念与技艺展现传统绘画的独特魅力给予了高度评价。展览共展出石晋先生近年来创作的山水画 80 余幅,其中绝大多数为其游历神州大地的名山大川的写生作品,较为全面地呈现了他在中国山水画艺术领域探索和实践取得的丰硕成果。其作品多以湿笔润墨,又不乏经典画家惯用的苔点、米点、勾皴和渲染,布局稠密、笔势纵横、有高有低,有隐有现、有穿插、有交错,充分展现了艺术家的笔墨功力与画作的无穷意境。

10月16日晚7点,沙河校区实验7楼104教室的墙上挂满了中国传统山水画大师的传世经典作品挂图,经过预先选拔招生、来自不同院系专业的40名同学在此济济一堂,如期参加由我主持、北航首位驻校艺术家石晋先生担任主讲的《中国山水画赏析与创作》课程。这40名同学,绝大部分来自理工类院系专业,但在课程开始后,有4名本科生因时间安排或自身兴趣等问题,先后申请退出。最终参加本项目课程学习的36名同学中,包括了30名一、二年级的本科生以及文化与艺术传播研究院的6名硕士新生。该课程于每周三晚上和每周日下午在沙河校区讲授,共16个学时,学习合格计1学分。

在16日晚的开课绪论中,我即兴以"想象""跨界""滋养"三个主题词寄语同学们,并介绍了艺文赏析教育项目、驻校艺术家计划以及《中国山水画赏析与创作》课程的实施背景、方案及目的。以下为现场讲话录音,特辑录于此。

各位同学,大家晚上好!

今天是2013年10月16日,我们有机缘坐在这个首次启用的崭新的教室里面,以开设艺术赏析与创作实践课程的方式,共同见证和参与我们实施驻校艺术家计划的探索与尝试。希望大家十年、二十年甚至更远的时候,仍然记得今天这个特殊的日子。

为什么这么讲?上周五,怀进鹏校长在会见我们邀请的艺术家石晋老师时特别提到,这个驻校艺术家计划和课程,可能是当下中国高等教育探索人文艺术素养教育的首次探索,也是一种非常有意义的尝试。

这个项目,是北航文化与艺术传播研究院成立两年多来,承担学校重大教改项目、深化文化艺术育人的重要内容,当然,也是学校正在推进的通识教育、书院式教育、博雅教育的有效组成部分和有益的补充。我们用驻校艺术家这种方式来探索,让同学们得到更多的人文艺术的熏染,通过这个平台,通过"艺文赏析与体验"教育项目,让大家能够切身地体验中国传统艺术教育"师徒传承"的模式,并从中得到各自的收获。

或许，开设这门课程，实施"艺文赏析与体验"教育项目的目的，大家都能够不同程度地感受到。这几年，学校一直在致力于提升教育教学质量，希望给同学们提供更多的有效的校园人文艺术环境。无论是北航艺术馆、音乐厅、博物馆，还是沙河校区艺文空间，以及今天在中国高校率先启动的驻校艺术家计划，都是期望通过师生的一点一滴的努力，通过大家的踊跃参与，在大学人文艺术素养教育领域起到积极的探索和示范作用。

我想，这个意义当然不仅仅局限于一门课程、一个学分那么简单。我们希望通过这个计划和项目课程，能使在座的每一名同学，无论大家来自什么专业，来自哪个学院，最终都因此而获得艺术的启迪，感受到艺术的魅力，感受到亲近艺术、体验艺术、实践艺术的乐趣，最终都能与艺术为友，让艺术相伴一生，形成一种艺术的生活方式和创造性思维模式。

因此，在今天的开场白里，我想讲三个主题词，与同学们分享。

第一个主题词是"想象"。大家应该意识到，从幼儿园、小学、中学，一直到现在进入大学，想象和想象力可以说是创造力的前提和源泉。没有想象力，可能你的学习、你的工作会变得十分枯燥，没有探索性和创造性。今后，无论你从事什么样的工作，是从事科研、生产、管理，还是有机缘接触艺术的创造，想象力都非常重要。因此，希望大家在这门课程中，能够始终保持一种源自内心的冲动和激情，发掘潜在的创造力，始终跟着老师的步伐、老师的思维、老师的笔触，发挥你的想象力。也许，大家都有过这样的经历，小时候无意间的涂鸦或习作，曾受到过非常棒的赞许。可是，在随后的教育过程中，这些灵性的、与生俱来的元素被考试、被大量的作业，将那种纯真的、美好的生命的冲动，或者说是最可贵的想象力给抹杀了，或者暂时被掩盖了。我们想，能否把大家本来就有的想象力激发出来。

第二个主题词是"跨界"。为什么要说跨界呢？真正综合的、有成就的人，他绝对不是仅仅局限于某一个专业，某一个门类的。大家都知道达·芬奇，他是艺术家，他同时也是科学家，是哲学家，是思想家。他的艺术作品是一流的，他的科学的发现，他的创造力也是一流的。所以，专业要学好，文学、艺术同样也应该涉猎。我们希望在座每一名同学，大家踊跃报名，经过精心挑选，进入到这个项目课程里来学习，希望你无论来自哪个专业，都要在保持自身对本专业热忱、学好专业知识的同时，尽可能地吸收其他专业领域的知识，特别是文学、艺术领域的养分。

第三个主题是"滋养"。为什么讲滋养？现在几乎人人都用上了智能手机。多媒体的时代、信息化的时代，已经很少有人再用传统书信的方式与他人交流。电脑键盘或手机触屏，手指一按，你的想法和信息就立刻传递出去了。及时性、快速性的快餐文化，成了大家生活中必不可少的一种模式。我们当然不能否定这些东西，这是一个时代的进步。但是我们应该认真思考一下，我们生活在这种时代、这种氛围当中，我们的精神还缺点什么，心灵还需要点什么，我们需要什么来滋养？我们是不是应该慢下来，尝试过一种慢的生活？尊重我们原有的内心的精神需求？我曾经写过文章说，艺术是文化的花朵，大学和大学人都需要艺术的滋养。如果要提升我们自身的人文修养，首先就应该提升艺术的修养，特别是当人的物质生存条件富足到一定程度以后，或许，艺术的需求、精神的需求，才是我们追求的重要内涵之一。因此，我们希望通过这门课程，能使大家在人文领域、在艺术修养、在亲近艺术方面提升自己，也许一不小心，在座的各位中，将来既产生了杰出的科学家，产生了大飞机、发动机的总设计师，同时也是一位杰出的艺术家。

关于这门课程呢，我们是这么设想的：一方面，通过16个学时的课程教学，通过石晋老师的言传身教，他将他一生的经验毫无保留地交流、传授给大家，使大家在理论素养方面对中国山水画的传统概况有初步的认识；另一方面，通过绘画实践的训练，为大家提供一种体验和创作的教学方式。老师一边画，大家一边学，在实践的训练过程中，使大家对笔墨，对中国山水画的构成与内涵有更深的了解。通过实践中学，通过学来提升，在这个过程中间，希望大家创作出自己逐渐满意的山水画作品。这一个月里，石晋老师就住在沙河校区的教师公寓里，平时在艺文空间对面的办公室创作，大家可以随时过来向石晋老师请教、交流，把各位平时训练的作品拿来请他来指导。希望大家通过学习,逐渐地提高艺术审美的素养,具备艺术家的气质,如果进而能够养成对绘画创作的志趣,特别掌握中国山水画创作的基本要领,那么这门课程的目的就达到了。

为了便于大家学习,我和我的同事多次专程到艺术用品商店选购了山水画创作的必备工具,比如毛笔、画毡、墨汁、宣纸、画盘等,这些都免费发给大家。我们还准备为每位同学刻一枚印章,这是中国画不可缺少的元素。石晋老师编著的两本课程讲义《中国山水画简史》和《中国山水画技法概要》也印好了,刚才已发给大家。

在这里,我要特别强调一下这门课程的学习要求和考核方式。第一,希望大家积极地参与这宝贵的 16 个学时的课堂内学习和训练,尽量保证出勤率。

第二,希望大家在课程结束时,撰写提交两篇长短不限的命题文章。我给出三个题目。第一个题目是《我成长过程中经历的艺术》。就像我刚才讲的,也许你小时候画了某一幅作品,获得了过少儿绘画大赛奖,也许你从来没有接触过绘画,也许你来自偏远的大山深处,一出家门你面对的场景就是一幅源自心灵、根植于你血脉中的山水画,这些都可以写进你经历的艺术中。第二个题目是《如果我是一名艺术家》。虽然在座的同学现在都不是艺术家,但是如果你是一名艺术家,你怎么想?你想说点什么、做点什么?你首先联想到的是什么?这需要大家发挥想象。这两个题目,大家可任选一个写。第三个题目是《参加艺文赏析与体验项目课程的感受》。希望大家都写一写你们参加这门课程的体会、收获及建议。这几篇短文,不做长短要求,但应该写出真情实感和真实的思考。

第三,要求大家至少提交一幅山水画临摹或创作习作。课程结束后,大家的山水画作品和感受文章,将先后在沙河校区艺文空间和学院路校区北航艺术馆,分别做一次展览,向学校师生和社会做一个阶段性教学成果汇报。如果大家的创作成绩优异,我们还将努力争取把你们的作品汇编成册,正式结集出版。

今天,《中国科学报》"大学周刊"主编钟华老师也来到了我们的课堂。她将跟踪采访我们驻校艺术家计划的探索性模式,另外她本人也将全程参加这门课程,与大家一起学习山水画创作,亲身体验我们这个项目课程在短短的一个月左右的时间里,能取得什么样的成绩、达到什么样的效果。

这个项目课程的老师以驻校艺术家石晋先生为主,组建了一个导师组,包括我在内,还有我校工业设计系副教授、中国美协会员马良书老师,以及石晋先生的学生、青年艺术家袁克有老师。此外,还有项目组的余敏和孙也程老师,将全程参与协助导师组的各项工作。通过导师组的共同努力,在各位同学积极主动的参与下,相信我们的这个项目课程一定能取得丰硕的收获。

下面,让我们用热烈的掌声有请北京航空航天大学首位驻校艺术家石晋老师!

大家看,这是一位和蔼慈祥、具有艺术大家风范的长者,是一位集人品、诗品、书品、画品于一身的著名艺术家。他长期从事国画、油画、岩彩画创作,近年来,水墨山水画创作取得了很高的艺术成就。昨天,石晋老师的山水画作品,刚刚在艺文空间开展,80幅作品集中呈现了水墨造景的宏大气势与独特韵味。建议大家在学习期间,每天都抽空去艺文空间看一看画展,近距离观摩他的笔墨、画面的构成,了解他绘画作品中所传达的深层文化的意义,所营造的那种中国山水自然和人文精神高度融合的境界。

现在,我把话筒交给尊敬的石晋老师,让我们再次用热烈的掌声,欢迎他开讲!

随后,驻校艺术家石晋先生向同学们做了课程第一讲"中国山水画简史"。从魏晋到五代宋初、从北宋到元明清,从荆浩到范宽、再从王蒙到黄宾虹,从《溪山行旅图》到《万壑松风图》、从《富春山居图》到《青卞隐居图》……石晋先生广博的知识涵养与风趣的谈吐,让中国山水画的发展脉络清晰、生动地呈现在同学们面前。

此后一月,石晋先生全身心投入教学,面对面、手把手,以自己的人生履历、对事物认识深度以及艺术感悟,向学生精心讲授魏晋时期山水画的发端、五代宋初时期山水画的鼎盛、北宋山水画的辉煌、元代文人画的兴盛、明代文人画和南北宗之说、清代摹古保守与"师法造化"之革新以及对中国绘画传统的再认识,无私地向学生传授山水画技法及创作要领。他运用许多独特的教学方法和窍门,让学生在短时间内辨别出一幅作品的优劣,掌握山水画技法的精髓,知道从哪里下笔,又如何收尾,对水墨创作有一个完整的了解,对艺术品位有比较深刻的领悟,使学生能够尽快切入到艺术创作,伴随着笔墨创作的进步感受到艺术创造的愉悦。

这一月,北航沙河校区的校园里,参与驻校艺术家计划项目的每一名学子都是艺术的主角,他们身上蕴含着无尽的潜能,都投入在与艺术亲近、触摸和亲身体验的情感中,散发出本真的青春的光芒。

这一月,来自贵州桐梓山区的梁萍萍同学画出人生的第一幅水墨山水画时,已是夜里 11 点多,他抑制不住内心的兴奋,当即给石晋老师打电话:"老师,您能不能来指导一下我的画,就看一看行吗?"他在感想中写道:"在北航这个以工科为主的大学接触到艺术真的是我们的荣幸,这似乎让我回到那种走进自然的童年时光,心中的某种遐想,总想把它给画下来。"

这一月,王佳莹同学在第一幅"大作"完成后,"兴奋地拿着它拍照并'炫耀'给同学看,看着他们惊诧的眼神,心里满是自豪",她感叹:"这门课的意义已经远远超过了一门选修课这么简单,它也许在不知不觉中正改变着我思想和内心的某种东西,也许它会是一道光,让我在枯燥的生活中有明亮可以追寻……艺术无论作为一种兴趣还是一种值得钻研的专业都会陪伴着我。"

这一月,李丽林同学惊讶地发现,"自己开始喜欢上了握着毛笔在宣纸上点点染染的感觉,开始不再畏惧绘画,而是愿意敞开心扉去感受、去体会艺术中的情感。那是一种多么神奇的变化,让我的人生从此有了一些不同。"

这一月,郑迪同学"体验着毛笔在纸上摩擦的感觉,感受着中国山水画的优雅以及她的独特魅力","不仅使我更加了解了中国传统的山水画创作,还为我的大学生活平添了不一样的体验。"

这一月,殷然然同学终于明白,"这门课程带给我的不是负担,而是享受,尽情地在一个山水画的世界里享受。学着用自己的方式去诠释心目中的风景,表现另一种即便缺乏绘画基础和绘画技巧,却倾注了对创作的热情和期待的美。"

这一月,蔡鹏虎同学说,"我圆了我从小学习绘画的梦,我学习到了我所希望学的东西。"

这一月,郭鹏程同学"悟到了许多做人的道理,老师说作画过程中要'杀纸',意在说明用笔一定要有力量,同时用笔很慢,让每一次的笔痕都刻在纸上,正如我们做事也要脚踏实地,一步一个脚印;在作画的过程中我们的心一定要平静,我认为,作画的过程和'鸢飞戾天者,望峰息心;经纶世务者,窥谷忘返'有着异曲同工之妙,浮躁与急功近利的心态都将会在这个过程中慢慢消除;老师在讲解如何用笔的过程中告诉我们'欲左先右,欲上先下',我们在处理问题的时候也要学会变通的思想。"

这一月,宋浩田同学说,"山水画教会我们的是一种精神、风格、态度……作为一名工科生,也许我们以为我们是世界上离艺术最远的人,其实,我们却从未远离艺术。"

这一月,在王宁同学的印象中,石晋老师"永远是乐呵呵的,非常有耐心地指导我们,让我们这些初学者没有一丝压力……感谢石晋老师耐心地授课以及学校给我们带来的这次学习机会,引领我到以前从未涉足的新领域。"

这一月,这难忘的一个月啊……

如果您读一读这本书里同学们真诚的文字,翻一翻他们笔下描绘的山水,您的思绪,是否会被这一个月里同学们年轻的、跃动的生命激情打动?

　　原载《与艺术为友·驻校艺术家计划档案》(序言),北京航空航天大学出版社 2013 年 12 月版;载《文艺报》2013 年 12 月 18 日(有删节),标题为《让艺术滋养校园》。

回归与远行

——实施北航 2014 年度驻校作家计划札记

一

随着互联网的全面兴起和大数据时代的来临,社会群体及个体的文化生活形态、结构与方式,都发生了巨大的改变。无疑,这样的改变对高等教育带来的影响和冲击是多向度的。其中,涉及文化传统、人文精神与大学人个体生命成长等领域的范畴,是一个无法绕开、不可回避的方面。

稍许欣慰的是,越来越多的大学办学理念和育人格局有了较大转变,尽管其规模、类别不同,表述和探索也有差异,但无论是大学领导决策层还是专家学者,都不约而同将人才培养提到了作为大学根本职能与核心任务的高度。在以往注重传授专业性技术知识之外,不少大学纷纷开设通识或博雅课程,倡导并重视文化育人的实践效果,以提升学生的综合素养、完善学生的知识结构,促进学生养成独立健全的人格,让人们看到高等教育逐渐趋向内涵完整的可能性追求——以育人为本,正成为当下中国大学办学反思的必然结果和理性回归。

早在五年前,以"做学生的校长"为承诺的北京航空航天大学校长怀进鹏院士,提出了"把一流的学生培养成一流的人才,实施有温度的教育"的理念。在怀校长看来,高等教育的温度,就在于有一种发自内心的对学生的热爱,把优质办学资源转化为人才培养能力,给学生以无尽的关怀和引导,充分尊重学生的个性化发展需求,提供多样性的知识、文化和创新思维养成体系,培养他们具备科学基础、实践能力、人文素养三方面的潜质,并具备终身学习的能力,具备不断调整和优化、面向未来的综合素质。

近些年来,北航一直在朝着这个方向努力。文化和艺术,宛若校园中不可或缺的生长基因,正悄然改变着这所研究型大学的风貌与品格。越来越多的师生和社会观众,进入北航艺术馆、艺文空间或音乐厅,或赏析,或聆听,徜徉在被艺术滋养的空间里。静静地走进去,静静地坐下来,沉浸在美术、音乐及舞台艺术的精彩演绎之中。2013 年以来,我们也率先在中国大学校园实施具有实质内容的驻校艺术家/作家计划,尝试探索艺文赏析与体验教育项目,首届驻校艺术家计划开展了中国传统山水画互动教学,取得了令人惊喜的意外收获。艺术与文学的芬芳,似乎已留驻为可以被北航人铭记和分享的美好记忆,甚或是在浮躁的社会中寻求到文化慰藉的"飞行器",开启一段关于文化追溯、一段关于心灵回归、一段关于精神远行的航程……

这一次,我们选择民族传统文化寰宇中那颗独具魅力的星座:中华诗词。

正如怀进鹏校长所指,培养根植于中华民族的文化自觉、文化自信和优秀的文化价值观尤为重要,这是学生适应未来发展的内核要素。特别是在高等教育国际化的必然趋势中,大学育人必须根植于中华文化,把握中国文化元素,吸取中华优秀文化之精华,才能具有鲜明的中国特色,才不会在高等教育国际化发展和创新人才培养转型的浪潮中迷失。

我们以为,无论中国山水绘画,还是中华诗词,尽管只是中华优秀传统文化之点滴或一隅,但文化的积淀和养成就应当如此:秉持温情和敬意,打开心扉,让这些容易被忽视的"无用之用",成为滋养每个人生命精神的一汪清泉。

二

　　经过半年多时间的筹划,2014 年春季北航驻校艺术家/作家计划,聚焦到传统文学领域,将主题明确为中华诗词的赏析与创作。

　　为什么是诗词?

　　我们知道,在中华文化的深厚土壤中,"诗言志"一直是一种悠久的传统。著名诗词学大家叶嘉莹先生曾经说,《诗经》提供给我们三种作诗的方法——赋、比、兴。它们是作诗的方法,而不仅仅是作诗的技巧,它们所揭示的,其实是作诗的时候你内心感动的由来:一个是由外物引起你内心的感动,一个是你内心先有了感动然后用一个外物的形象来表现,一个是你就直接用你说话的口吻和语气把你的感动表现出来。

　　自《诗经》以来,"志之所之,在心为志,发言为诗","情动于中而形于言",可以感知,传统诗词作为中国古代文学之绚烂花朵,其生发和成长经历了怎样的境遇和迷局,使古人内心的情思、理念、意象和感悟得以广阔地抒发。在历史斑驳的语境中间,诗词在突破了自身的困惑与困境时,"言情",自然也饱含在广义的"言志"中,进而步入道法自然、天人合一的传统人文精神轨道,逐渐转化为中国文化的文学审美特征和诗性风景。

　　那么,中华传统诗词的深邃风景能否映射到当今社会,成为网络时代人们在日常生活乃至时空维度上的精神延展呢?

　　窃以为,无论是现实世界还是虚拟世界,诗词都可以成为一个人丰盈内心、澄净心灵的载体,成为增进生活激情、升华理想境界的一种绽放的姿态,故而,诗词的性格是坚韧的;并且,诗词亦是深邃和高贵的,这在于它始终根植于历史文化城郭的格律、意蕴和情怀,在于它从个体生命自我表达到一个时代文化见证的坚守,在于它将那个时代的真实面貌与梦幻,恒久地交织在文学的酒酿中,悲情地、如醉如痴地、义无反顾地生长;再者,诗词的声音是浑厚的,是"美声"的,它不仅宣告着一种生活方式、一条被人文包裹和滋养的存在路径,更是值得人们追寻的审美体验和心灵旅程,即便充满了疑惑、甘苦与寂寞,但最终可以喻示生命与自然在历史之舟中渺小却顽强的那一面——与自然为友,与文学艺术相伴——诗词歌赋,无论何时都应当成为人们的精神回归、审美诉求和人文良知。

再回到大学校园,对中华诗词的继承和发展具有特别的意义。无论是让学生受到更多的传统诗词文化的熏染与教育,还是诗词本身的创作、研究及发展引导,都值得大学格外重视并承担起责任。本质上,这也是大学人文艺术素养或通识教育的重要内容,是启发学生学会在智识积累和日常生活中发现文学审美,从各自的经验出发体认传统诗词美,并将对经典文学的审美感悟和追求作为自身成长、发展过程中的一种基本素养。哪怕只是很少一部分学生,在诗词文化的传播中启迪了思维、陶冶了情操、提升了涵养,但对包括诗词在内的优秀传统文化在大学校园中的不懈弘扬与大力倡导,定将形成一种薪火传承、星火燎原之势,必然有益于学生健全人格的自我养成,更广泛地树立起人们对诗词乃至传统文化的敬意,或许才是真正的大学人文艺术素养教育之内核。

既然如此,我们的计划便是想方设法让中华诗词之美在校园中绽放,通过驻校作家计划的实施,将诗词赏析与创作结合起来,尽可能地向学生提供拓展人文视野,注重交流、体验与互动,让学生真正进入古典诗词的门槛,而非蜻蜓点水般吟读几首作品,肤浅地了解诗词的所谓"知识点"。或许,唯有将诗词从历史的深潭中"打捞"出来,将诗词从深奥的神坛上"拉扯"下来,经由当代重要诗词作家区别于以往常规课堂教学的驻校多层次教学投入和创作实践辅导,赏析与创作的成效才会逐渐显现,中华诗词的经典文化价值,才能转化为学生的感悟与体认,实现其当代文化价值和人文养成作用。

三

邀请蔡世平先生担任 2014 年春季北航驻校作家,主讲诗词赏析和创作、传播中华诗词文化,有一段"预设"的机缘。

2012 年的一天,我被挚友、编辑出版家、中国青年出版社彭明榜主任送来的由他责编的《南园词》一书深深吸引。这是一本当代词人的作品集,作者蔡世平,湖南湘阴人,1955 年出生,是中国作家协会会员、国家一级作家、中华诗词学会理事，现供职于国务院参事室、中央文史研究馆，任中华诗词研究院副院长。

这本装帧典雅、精致的词集的腰封上，印有多位学者、作家的"推荐语"。中国词学研究会会长、武汉大学王兆鹏教授说，"蔡世平的词，应该说为今后词的创作开辟了一个新的方向，建立起一种新的审美范式，提供了一个词体复活的成功样本，展现出词体艺术发展的乐观前景。"北京大学王一川教授说，"我感觉阅读蔡世平的旧体词是一个不可多得的愉快之旅，它使我恍若置身在古典宋词的世界，只是有时又感觉这世界有着当世的面貌。"湖南作协名誉主席、作家李元洛说，"蔡世平的当代旧体词，是中国古典诗歌，特别是宋词的一个新的发展，使词这种古老的文学样式焕发了新的生机，为当代诗词创作提供了有价值的参照系，向当代主流文学展示了旧体诗词的生命力。"……凭我的经验，如此严肃、郑重、充满肯定甚至欣喜的高度评价，被评者一定有着非凡的词学修养与创作能力。果然，《南园词》的封面上，印着如下几行小字：

> 词的神奇性在于，
> 能以最精短的语言实现人性的深度表达，
> 又能以最快的速度抵达人类遥远的精神故乡。
>
> 当代人的词应通过当代人的语言组合、安排，
> 出现新的意义和可能。
> 让读者大吃一惊，
> 话还可以这么说，
> 词还可以这么写。
>
> 要相信古人只是把词写好了，
> 但却没有把词写绝了。
> 生命没有终结，

词就不会终结。

所以，

今天我写词。

我深以为然，并被蔡世平的上述"激越""霸气"甚至"绝断"的文学思绪、词学观念和创作动机所打动。至少，这些论断会吸引读者进入书中，把对词的深度阅读同对作者有着怎样的人生境遇、生命体验与启迪等等的揣摩联系起来。当我反复泛读、精读《南园词》中的一百首词后，我亦可以先入为主地对蔡世平的诗词世界有一个整体的概貌，我甚至觉得，自己似乎早就熟识了这位年长我十多岁的文友。

在我看来，不同于当下多数诗词作者的"消遣性"写作，蔡世平是一个兼具创造性、灵魂性的当代诗词作家。"蔡词"，极逞作者的人生路径与纷繁体验，致力于对传统诗词回溯基础上的继承、超越和现代性"造境"，是对人的生命力、想象力和文学创造力的不懈求索，让身边日常、生活琐碎不断浸入诗意词性，映照生命之哲思，使世间万物因诗词而动、为诗词所遣，进而完成传统诗词的当代叙事、精神转换和文化延展。

近两年，在明榜兄的"撮合"下，我和蔡世平先生有了多次深入交流，堪称心神意会、真切自在。2013 年 10 月 17 日，我们还一起策划了"诗词名家进校园"活动，由中华诗词研究院、北航文化与艺术传播研究院共同主办，邀请到 76 岁高龄的湖南作协名誉主席、著名作家、诗歌评论家李元洛做客北航大讲堂，为同学们做题为《唐诗宋词元曲的当代意义》的讲座。

那个晚上，能容纳 400 人的北航沙河校区学术报告厅座无虚席，大厅里数十次响起热烈的掌声。李元洛先生以"古典流连——畅游唐诗宋词元曲世界"为线索，以深厚的文学修养、超常的记忆力和演讲感染力，将"古典诗词与现代生活熔为一炉，将读万卷书和行万里路合为一事"，重点讲述了唐诗宋词元曲的精神意蕴和创作意义，与学生们分享了几十首唐诗宋词元曲名家的经典诗作。《静夜思》《江南好》《春江花月夜》《虞美人》……李元洛先生用兼具文学性和趣味性的语言，或诵读，或吟唱，将中华古典诗词之美及诗人的生平趣事娓娓道来，带领同学们从时光隧道进入唐诗、宋词和元曲的世界，与唐诗、宋词和元曲的经典文人作家们进行面对面的灵魂交流与对话。讲座中，蔡世平先生也被邀请上台，朗诵自己创作的关于谭嗣同的两首词，引发了在场学生的思考与共鸣。

这次关于中华诗词的专题报告，现场互动十分活跃。李元洛先生在讲座上不时提问，引导同学们进入传统诗词的浓郁氛围，与大家一起背诵李白的《将进酒》等名篇。现场提出的关于古典诗词的多个具有较高难度的问题，同学都踊跃举手并回答出了正确答案。对此，我和李元洛、蔡世平先生都感到有点意外，"即便是北大中文系的学生，也不一定有北航同学这般古典文学素养。"李元洛先生评价说。也就是在主持这次讲座时，我萌生了以中华诗词为主题，策划实施驻校作家计划的想法。

当时，北航首届驻校艺术家计划"中国山水画赏析与创作"项目正处于实施过程中，驻校艺术家石晋先生的山水画个展，在沙河校区艺文空间里举办。在听取介绍和观看画展的过程中，李元洛、蔡世平先生对我们的人文艺术素养教育理念和做法很是赞同。记得在车上，蔡世平先生私下对我说，诗词也可以进入到大学校园里来，并且，他有办法让同学们对诗词产生兴趣，短期内掌握诗词创作要领。

我暗中窃喜，但并未急于作答。对于诗词为何进入校园、如何进入校园以及怎样实现诗词文化在大学的弘扬与传播，我当时心里完全无底。然而，有意无意之间，通过这次古典诗词讲座的经历，让我看到了北航同学中间对传统诗词满怀着浓厚的敬意、兴趣和渴求，也了解到蔡世平先生无私参与并努力尝试的意愿，为半年后我们正式实施驻校作家计划、开展诗词赏析与创作活动埋下了伏笔。

四

2013 年 12 月，记载北航首届驻校艺术家计划成果的《与艺术为友·驻校艺术家计划档案》一书，由北航正式出版发行。全书包括引言（实施驻校艺术家计划札记)、36名参加计划项目的学生撰写的同题艺术随笔72篇(题为"我成长过程中经历的艺术""如果我是一名艺术家""参加项目计划的感受")、学生创作的山水画作品60幅、计划实施过程中的影像记录及相关资料附录。

该书甫一面世即受到广泛关注。当当网、卓越网等在推介这本书时,发布的文字即可见一斑:"中国高校首个驻校艺术家计划'令人惊叹'的实施成果档案""72篇鲜活而精美的艺术随笔、60幅意外而精彩的山水画作品""'让艺术驻校、以艺术为友'理念的倡导与实践""大学人文艺术素养教育的探索尝试及文本价值"……《光明日报》的报道认为,"实施驻校艺术家计划是北航在国内高校开展人文艺术素养教育的首次尝试……丰富了文学艺术与大学教育互补沟通的途径。"《中国教育报》报道说,"校园金秋多了些人文意蕴和艺术色彩,令人对北航驻校艺术家计划充满了期待。"《中国科学报》记者钟华全程参与并深入体验了该计划实施过程,她两次刊发深度报道:"令我惊讶、赞叹的是这些理工科学生,他们与艺术之间产生的奇妙的'化学反应'""当我受邀全程参与并采访北航首届驻校艺术家计划教育项目时,只是激动于可以接受中国山水画艺术教育的采访'福利'。那时,我还没有意识到,我将是中国高等教育中一次有重要意义改革的见证者。"

而此时此刻,我想的更多的,是有了良好的开局,下一步我们将怎么做?如何才能持续保持驻校艺术家/作家计划的探索性、纯粹性和实效性?因为,大学人文艺术素养教育和文化育人,不应该只是一个空泛的概念,尤其需要进行当代探索和实践,才能在大学校园中营建一种"让文学艺术驻校、与文学艺术为友"的氛围。显而易见,实施内容的确定和驻校艺术家/作家的遴选,是决定计划成功与否的首要环节。有了前述铺垫,我将2014年春季学期拟邀请蔡世平先生担任驻校作家,开展中华诗词文化的校园传播的初步设想,向怀进鹏校长、张维维副书记做了汇报,得到了他们的肯定和支持。

2014年元旦前后,我开始正式与蔡世平先生商议邀请他驻校的有关事宜,他欣然应允并于百忙中启动相关申报程序和教学计划的拟定工作。我们分头并驱,制定计划方案、起草系列讲座大纲,反复讨论、沟通、修改,可谓不厌其烦、精益求精。春节过后刚开学不久,蔡世平先生就拿出了近五万字的教案大纲来到我的办公室。翻阅这厚厚的一叠稿子,我一下子释然了,我预感到这次计划已经奠定了良好的基础,即将迈入成功的门槛。

我们如此定位本次驻校作家计划:依托于北航"艺文赏析与体验"(第二期)教育项目,聚焦中华传统诗词、关注诗词文化的当代价值,以邀请驻校作家入驻校园,开办"中华诗词赏析与创作"研修班教学及实践的模式,开设系列讲座、举办诗词书法展及艺文雅集活动,交流指导诗词创作实践,营造与学员面对面交流探讨的教学空间,使学员对中华传统诗词的鉴赏能力和创作水平有较大的提升。

我们将这次诗词教学实践活动,当作一次诗词文化传播的当代实验推广,不采用通常的诗词典籍和概念化、程式化讲授模式,而是希望"让诗词从神坛上走下来,回到世俗民间;让诗词从学问家的文章中、书本上解放出来,回到我们的真实生活里。"(蔡世平语)。经过反复斟酌,系列讲座共设八次 16 个学时,于 4 月底至 5 月底期间每周三、周日下午集中授课。八次讲座的内容分别为:"好语慰人间——诗词古今谈""作诗容易——格律诗知识""填词不难——长短句知识""对联莫忽视——对联知识""诗句欲圆时——诗词联创作之一""跟着感觉走——诗词联创作之二""诗是活的——诗词联创作之三""神会来帮忙——诗词联创作之四"。

最终,这个互动的人文课堂不设门槛,共招收了 60 名学员,主要面向本校本科生、研究生。在满足学生需求的基础上也适度对外开放,招收了部分本校教工及社会诗词爱好者参与学习,其中本科生、研究生占三分之二,教职工和社会诗词爱好者为三分之一。

五

2014年4月30日下午,北航驻校作家计划"中华诗词赏析与创作"研修班,在学院路校区逸夫楼会议室举行简朴的开班式,校长怀进鹏院士为蔡世平颁发了2014年度北航驻校作家聘书。

怀进鹏校长在致辞中指出,一所大学的价值,往往体现于通过科学基础、实践能力、人文素养三个环节,在培养人才中创造知识、在创造知识中培养人才,构建大学教育中最基础、最核心的内容。传统诗词作为一种最持久、最有生命力的文学艺术,跨越了时空的界限,留给人们很多美好的思考,包括哲学的思考以及对人类文化的共同思考。对于诗词的学习和传播,能够帮助我们树立中华文化的自信,加深对中华文明内涵的理解,在培养学生人文素养的过程中,以一个崭新视角重新认识自我,使包括诗词文化在内的优秀文化传统蕴含的能量能够真正深入大学校园,滋养师生的内心,促进文学艺术与大学教育的互补。因此,无论是办好艺术馆、博物馆、音乐厅,还是探索驻校艺术家/作家计划,都是基于人才培养的国际视野和文化育人理念,致力于培育学生的创造性思维、科学与人文精神,打造一流的校园文化艺术教育环境。他希望,通过蔡世平先生驻校期间的系统讲授和实践创作指导,进一步激发同学们的文学艺术禀赋,提升学员的文学艺术通感和触类旁通的综合素质,让经典诗词之美融入师生的生活,在北航校园中绽放出多彩的人文之花。

简短的开班仪式后,蔡世平开始了"中华诗词赏析与创作"研修班课程的第一讲《好语慰人间——诗词古今谈》:"《诗经》是长出来的,唐诗是酿出来的,宋代诗词是养出来的,清代诗词是仿出来的,当代诗词是放出来的"……在随后的一个月间,蔡世平深厚的文学涵养、丰富的创作经验、鲜明平实的语言、激情饱满的耐心讲授,逐渐引领60名校内外学员步入中华传统诗词的殿堂,使大家受益匪浅。

当然,在研修班开讲初期,也出现了一些意想不到的难题。比如,蔡世平先生口音浓重的湖南普通话,让很多学员产生了"听觉障碍"。克服诸如此类的困难,还得感谢我的同事余敏、孙也程,她们做了大量案头准备,协助编印讲义、制作课件 PPT,每次给学员发课前短消息通知,收发整理学员的作业供课堂讲解,甚至借来黑板以备现场板书和教学互动,多管齐下的办法发挥了作用,不少同学甚至觉得蔡世平老师的口音已不成为问题,还越来越顺耳、越来越有特别的"韵味"了。

我知道,蔡世平讲课的独特"韵味",其实源自于他的有意和用心。因为他特别看重这次担任驻校作家的契机,他希望通过这个项目,为改变传统诗词在当下寒碜、尴尬的局面做点探索性的努力,使诗词创作能够反映当代人的生活面貌,恢复应有的生气。

于是,蔡世平反复在课堂上将自己的创作心得和深刻体会,讲最通常的格律知识和掌握诗词创作一般规律的诀窍,讲如何处理好诗词创作继承与创新、普及与提高的重要性,讲诗韵的变迁以及遵循"知古唱今、双规并行"原则的重要性,讲诗词创作的品格、灵感、潜意识甚至"神"的助力。他花大量时间和精力,认真点评学员的习作,并毫不吝啬地给予充分肯定与鼓励。他还让同学走上讲台,畅谈自己的创作心得和体会。

课堂内外,也曾多次有过争论和提问。

一次,一名同学问:蔡老师,有一个问题我没太想明白,您讲"神"要按照神界的规则去生活,写作需要"神"来帮忙,我想请问您这具体是指什么?

蔡世平解释道,如果没有一点儿创作经历或写作实践,很难理解这句话的深度。有时候,我们创作出一首好作品时,常常会想这是我写的么?我怎么会有这么厉害,怎么写出来的啊?因为好多时候,创作者任凭自己想象,靠自身的积累和力量,是没有办法达到某种意外的艺术境界的。我认为这就是种创作中的"神"的力量,实际上就是一种"灵感"的作用。我在这里换了一种说法,但是的确与灵感又有不一样方面。我回避了灵感这个词,因为大家都说灵感,说滥了,说成了一个抽象的概念。我认为创作中"神"这么个具体的东西,是一种可以和创作者对话的意外体验。一般说,诗词创作强调写想象中的可能,而非现实中的可能,现实中的可能是人进去的,而想象中的可能很多时候是靠创作者的灵感、悟性和"神性"偶然进去的。诗词创作活动以及所有上升到艺术层面的创作,常常会出现一种意想不到的效果,使创作者非常愉快与兴奋,这种情况就是"神来之笔"和"神性",就是"神"来帮忙的结果。

类似的问答,其实是没有标准答案的。我以为,这就是作家进校讲课的魅力所在:作家往往能够超越一般的知识点或学术研究成果介绍,而侧重以其创作为参照,介绍他在这一创作领域的认知、构想、方法和真切体验,将学生引向另一扇充满创造性诱惑和艺术构想的文学之门。

蔡世平做到了这一点。不仅如此,他还将书法创作与诗词相结合,展示了文学艺术相互交融的奇妙境界。事实上,从众多著名传统文人身上我们看到,诗词、书法和绘画等艺术,一直是交织、交融、从未分离的。蔡世平延续了这一优势,他的书法创作源于自身对文学人生的体验与领悟,清新自然、质朴大气、不矫揉造作,具有十分鲜明的人文特征和价值,呈现出当代文人书家独有的文化气象与诗性情怀。由此,在诗词创作中做出重要建树的蔡世平,其文化修养和其艺途、文心、志趣亦是相辅相成,同样表现不俗的。

六

按照预先的约定,5 月 14 日下午,我们为配合驻校作家计划诗词教学及创作交流活动而精心策划举办"词随心动——蔡世平诗词书法创作展",在北航艺术馆隆重开幕。展览共展出蔡世平自书诗词作品 80 余件,展厅中的书法与诗词珠联璧合、相得益彰,可谓"文先书后、书文并茂,情感抒发、结体超越",成为一次诗词文化传播的有益实践。同时,《词随心动——蔡世平自书南园诗词》一书,也由中国青年出版社正式出版发行。北航党委常务副书记张维维、中国文联党组成员、书记处书记罗成琰、著名歌唱家李元华等出席展览开幕式并致辞,中国国家画院副院长、著名艺术家曾来德专程观看了展览,对蔡世平的书法创作给予了高度评价。

特别值得一提的是,以这次展览为契机,我们又在展览现场策划举办了别具一格、主题为"礼敬中华诗词"的北航艺文雅集活动,受到广泛关注。以"以文会友"为传统的文人雅集,可谓是中华文化史上独特的文化景观。这次活动,我们以驻校作家计划和诗词研修班为载体,围绕"礼敬中华诗词"的主线,邀请到多位知名艺术家、诗词家和学员们共同参与,目的是希望继承和弘扬一种人文交流、思维碰撞、艺术互动、激发创作的"在场"与"即兴"等理念,拓展诗词赏析与创作教学的形式,多维度地让诗词之美在校园里绽放。

在"礼敬中华诗词·北航艺文雅集"活动中,著名女高音歌唱家赵美丽率先登场演唱了毛泽东词《卜算子·咏梅》,中国歌剧舞剧院国家一级演员、著名歌唱家李元华饱含激情地演唱了李白诗《静夜思》等作品,从静谧的诗意到家国情怀,使现场学员和观众沉浸在诗词之美中。随后,刚刚毕业的硕士研究生田贵双声情并茂地朗诵了《春江花月夜》,北航大学生艺术团张梦月同学弹起了古筝《春江花月夜》,典雅而又细腻的旋律,再现了江南春夜的美妙景象。

接下来,在淡雅的配乐声中,著名表演艺术家高育发朗诵了蔡世平词《卜算子·静夜思》及《贺新郎·说剑》,中华诗词杂志副主编林峰吟诵了蔡世平词《鹧鸪天·观荷》,著名男高音歌唱家薛怀喜演唱了《木鱼石的传说》,中国书籍出版社副总编辑赵安民吟诵了习近平词《念奴娇·追思焦裕禄》。

作为驻校作家计划诗词研修班的教学环节,学员们也踊跃参加艺文雅集活动。北航数学学院 2010 级本科生齐嘉悦同学,朗诵了苏东坡词《水调歌头·明月几时有》。机械学院 2012 级本科生谢毅超同学朗诵了自己的诗词习作《水调歌头·莲》,宇航学院 2013 级硕士生王心慰同学朗诵了自己的诗词习作《五绝·出关》《七绝·怀楚》,计算机学院 2012级硕士生文章乐同学朗诵了自己的诗词习作《五绝·春意》《七绝·秋雨》。北航大学生艺术团林也同学演奏的琵琶古曲《梅花三弄》,曲调婉转而悠扬,为艺文雅集活动增添了古典的韵味。最后,艺文雅集在李元华、赵美丽、薛怀喜三位歌唱家合唱的《我和我的祖国》歌声中落下了帷幕,赢得现场学员和观众的热烈掌声,也给大家留下了无尽的诗意。

七

一个月,在中华诗词浩瀚的发展历程中,或是可忽略不计的一瞬间。

然而,对参加这次驻校作家计划诗词研修班的40名在校本科生和研究生、20名本校教职工及社会诗词爱好者来说,这一个月的时间,却是孕育诗意、心随词飞(多数学员创作出了人生的第一首诗词作品),开启"诗意的栖居"新篇的一段难忘履历。

不止一位同学告诉我,听蔡世平老师讲课,有一种特殊的感动,因为他不光讲诗词如何的好,他还讲一个人如何才能真正进入诗词并因此而更好。他讲诗词,讲出了淡泊、超逸和景仰,讲出了豪情、讴歌和悲悯,讲出了平凡、细节与境界,讲出了真纯、灵性和热爱,讲出了率性、气节和人格……凡此种种,都与生命的真谛和价值有关,都和人生的态度与境遇相连,都是对现代生活中疏离、苦闷、荒谬、惶惑、反叛等的鞭挞甚至诀别。

的确,这短短的一个月间,蔡世平先生通过八次讲座、一场展览和艺文雅集活动,将诗词文化带到大学校园中,构建了一个当代诗词赏析与创作的"有我之境"——融诗词入鲜活的日常生活,把"我"置身于诗词之中,在传统人文诗意与当代文化景致间,倡导"以我观物",以我之生命色彩,与现实世界悟对,在精神的追寻和远行中,传递美好的心灵与梦想。

行文至此,特填词《临江仙·词韵诗心》一首,是为记。

五月繁花开率性,蔡词造境菁菁。校园驻讲聚神灵。星空仰望,诗意正相邻。铺采摛文生绚烂,续承岁月丰盈。翠华此处吐真情。诗词作伴,梦远不伶仃。

原载《词韵诗心·驻校作家计划档案》(序言),北京航空航天大学出版社2014年7月版。

弘扬中华艺文精髓　承续优秀传统活化

——北航"驻校艺术家/作家计划"的探索和实践

近年来,北京航空航天大学将文化建设作为提升办学软实力的重要内容,作为融入人才培养体系的重要方面,坚持以文化传承、文化塑造、文化创新为手段,注重汲取和依托丰厚的中华优秀文化的滋养与育人作用,通过系统设计、探索实施"艺文赏析与体验——驻校艺术家/作家计划"等文化育人项目,深入推进根植于中国的大学文化及传播体系建设,为弘扬中华艺文精髓、承续优秀传统活化做出了有益的探索。

一、聚焦传统,注重文化育人的中国特质与当代价值

当前,在大数据、互联网、全媒体等的冲击下,中华优秀文化的历史、传统、精神,出现了慢慢消退和淡出人们视野的危机,大学文化建设和文化育人面临着严峻挑战:我们能否在全球化进程和中西文化的交流碰撞中,始终保持清醒的主体文化意识和文化自觉自信,在汲取外来有益文化养料的同时,维护、承传和弘扬我们民族文化精华的创造性、独立性乃至生长性? 对此,我们进行了卓有成效的探索与努力。

近几年,学校从顶层设计和战略高度,树立文化育人的理念与思路,进一步提高对大学文化传承创新重要性的认识,明确提出营建以优秀文化魅力感染人、以深厚文化内涵引领人的校园氛围,持之以恒地使中华文明、优秀传统与中国品格更好地融入文化育人实践,引导师生在继承传统文化、弘扬优秀文化、传播先进文化中成长和发展。

我们注重聚焦传统，发掘文化育人的中国特质与当代价值，不断探索创新"礼敬中华优秀传统文化"活动的方式载体，坚持将优秀传统文学艺术滋养，当作大学文化育人的"花朵"，系统设计了以"艺文赏析与体验——驻校艺术家/作家计划"为代表的文化育人品牌项目，旨在弘扬中华艺文精髓，承续优秀传统活化，充分发挥中华优秀文化独特的育人和精神陶冶作用，使其成为滋养师生的重要源泉，在大学文化育人和校园时空中转化为具有当代价值的人文艺术传播场，为创新人才培养提供应有的文化支撑。

二、创新形式，打造优秀传统艺文滋养的活化载体

"艺文赏析与体验——驻校艺术家/作家计划"项目的实施，始终秉承"开放、互动、启发、交流"的宗旨和"让传统文化驻校、以经典艺文为友"的理念，将具有较高传统文化修为的知名艺术家、作家引入校园，通过驻校系列讲座、工作坊、展览、论坛及艺文沙龙活动等多样化形式，强化传统文学艺术样式与大学教育的沟通互补。该项目由北航文化与艺术传播研究院牵头实施，2013 年 7 月颁布了《北航驻校艺术家/作家实施办法（试行）》，包括总则、聘任细则、管理细则和附则等相关规定。迄今，已成功开展"2013 年度驻校艺术家计划·中国山水画赏析与创作""2014 年度驻校作家计划·中华诗词赏析与创作""2015 年度驻校艺术家计划·中国花鸟画赏析与创作"项目共三期。

学校领导高度重视项目计划的实施，并亲自为每届驻校艺术家、作家颁发聘书及指导项目开展。先后邀请的三位校外资深艺术家、作家进驻校园后，创造性地开展"师徒传承"艺文教育活动，探索传统艺文精华滋养的现代活化和校园活化，进行中华文化中最具经典性和代表性的传统绘画、传统文学素养教育，使学员从多样性互动赏析学习、上手体验操练与自主创作中，感受中华文化内涵，加深对传统的理解，体验优秀传统文学艺术的灵魂，受到了校内外的广泛关注。

（一）北航 2013 年度驻校艺术家/作家计划:聚焦中国山水画赏析与创作

2013 年 10 月至 11 月间,北航首届驻校艺术家/作家计划聘请长期旅居国外的著名画家石晋先生入驻沙河校区,担任驻校艺术家和"中国山水画赏析与创作"课程的主讲教师,与学校配备的导师组成员一起,为选拔招收的 36 名同学提供传统绘画艺术的实践教学和创作体验。课程于每周三晚上和每周日下午讲授,还根据需要适时安排了多次实践写生创作,其目的是通过理论学习,使同学们对中国山水画的历史有概略的了解;通过经典作品赏析,提高同学们的艺术欣赏水平和对文化传统的认识;通过对基本技法和作品临摹的训练,提高同学们的绘画能力,并根据自己对中国山水画的理解和感悟,结合掌握的技法和绘画能力创作山水画作品。

项目组为同学们免费发放了精心编写的讲义《中国山水画简史》《中国山水画技法概要》,以及山水画创作必备工具毛笔、毡、纸等。从魏晋到五代宋初、从北宋到元明清……8 次集中讲授,近两个月间同学们与驻校艺术家在校园工作坊的互动交流,使大家不仅了解到中国山水画的发展脉络,还初步掌握了山水画技法及创作要领,这些几乎"零基础"的同学都创作出了自己的第一幅作品,笔墨中呈现出令人惊喜的意趣。期间,还在北航艺术馆、沙河校区艺文空间分别举办了"驻校艺术家石晋山水画个展""美的追寻——2013 年度北航驻校艺术家计划学生山水画作品展"两个展览,呈现了该计划的丰硕成果。

（二）北航 2014 年度驻校艺术家/作家计划:聚焦中华诗词赏析与创作

2014 年 4 月至 5 月间,北航第二届驻校艺术家/作家计划聘请中华诗词研究院副院长、著名诗词家蔡世平先生入驻北航学院路校区,担任驻校作家和"中华诗词赏析与创作"课程的主讲教师。这个互动的传统人文课堂不设门槛,不仅面向师生,也向社会公众开放,共招收了 60 名校内外学员。本次驻校作家计划定位为聚焦中华传统诗词、关注诗词文化的当代价值,共开设8次系列讲座,于每周三、周日下午集中授课,营造与学员面对面交流探讨的空间,激发其文学创作潜能与思维,加深对中华诗词、中国传统文化及其当代价值的认识,提升对中华传统诗词的鉴赏能力和创作水平。

期间,还在北航艺术馆举办了"蔡世平诗词书法创作展"和别具一格、主题为"礼敬中华诗词"的北航艺文雅集活动。展厅中的书法与诗词珠联璧合、相得益彰。在展览现场举办的艺文雅集,围绕"礼敬中华诗词"的主线,邀请到李元华、赵美丽等10多位知名艺术家、诗词家和学员们共同参与,以演唱、吟诵、演奏等丰富的艺术表达方式,继承和弘扬了一种人文交流、思维碰撞、艺术互动、激发创作的"在场"与"即兴"的理念,拓展了诗词赏析与创作教学的形式。该计划作为一次诗词文化传播的当代实验推广,将诗词文化带到校园,在传统人文诗意、当代文化景致间以及大学精神的追寻与远行中,传递着美好的心灵与畅想。

(三)北航2015年度驻校艺术家/作家计划:聚焦中国花鸟画赏析与创作

2015年5月至6月间,北航第三届驻校艺术家/作家计划聘请北京林业大学艺术设计学院教授、著名花鸟画家李汉平先生入驻沙河校区,担任驻校艺术家和"中国花鸟画赏析与创作"课程的主讲教师,为选拔招收的40余名本科生、10余名研究生以及部分社会爱好者提供中国花鸟绘画艺术的实践教学和创作体验。本次"中国花鸟画赏析与创作"研修班采用集中授课、示范和创作实践等形式,课程教学阶段共8讲16学时,每周四、周日下午授课。8讲内容分别为"中国花鸟画概述""写意花鸟画的构图""写意花鸟画的笔法与墨法""写意花鸟画的用色""中国画的题款与印章""写意花鸟画——梅、兰、竹、菊的画法""写意花鸟画——藤本、蔓本的画法""写意花鸟画——草虫、禽鸟的画法"等。

近两个月来,李汉平教授在北航沙河校区不辞辛苦、悉心传授、耐心指导,从中国花鸟画的渊源与演进,到各时期花鸟画的艺术特征,到花鸟画的文化地位,再到其构成要素以及笔、墨、纸等绘画材料的运用……李汉平教授以他广博的知识涵养和精湛的艺术技艺,毫无保留地带领同学们走进了中国花鸟画艺术创作的世界,每一名同学都不同程度地掌握了花鸟画创作的"要领",并画出了足以令人"刮目"的一幅或多幅习作。期间,"逸韵高致——李汉平花鸟画作品展"于 2015 年 6 月 14 日至 6 月 30 日在北航艺术馆举办,李汉平教授和郭怡孮、刘巨德、李魁正、陈孟昕、陈池瑜、丁密金、高润喜等首都美术界的专家学者、艺术家一起,在展览现场与学员和师生观众互动交流,深入探讨花鸟画创作的学思与感悟。展览共展出李汉平教授近年来创作的工笔、写意、写生花鸟画作品 70 余幅,较好地反映了他在坚持"写意精神"的大视野下,开拓创造出一种具有时代感和创新意识的中国花鸟画独特风貌。2015 年 7 月 2 日至 14 日,"缤纷绽放——北航 2015 年度驻校艺术家计划学生花鸟画作品展"在北航艺术馆展出,同学们创作的 68 幅作品以及他们对艺术的深刻感悟在展厅里集中亮相,呈现了这些优秀北航学子充沛的艺术想象力、创造力以及面向未来的无限可能,受到校内外的广泛关注与好评。

三、传播辐射,建构中华优秀文化承续的良好平台

项目伊始,北航驻校艺术家/作家计划就注重其实施的可持续性和推广性。三届计划的实施完成,以正式出版《与艺术为友·驻校艺术家计划档案》《词韵诗心·驻校作家计划档案》《丹青毓秀·驻校艺术家计划档案》(北京航空航天大学出版社)等系列书籍为标志,再现了项目计划的生动历程和累累硕果。社会媒体对此给予了高度关注,认为这是中国高校首个驻校艺术家/作家计划"令人惊叹"的实施成果档案,反映了大学在建构优秀传统文化传播平台、深化人文艺术素养教育方面的探索尝试,具有重要的文本价值和借鉴意义。

无论中国山水画、花鸟画还是中华诗词,作为中华优秀传统文化寰宇中独具魅力的闪亮星座和文学艺术样式,都以其博大的智慧、深厚的积淀和审美的品格,昭示着中华民族的心灵畅想、人文情怀与精神意蕴,是校园梦、中国梦的重要生命基因,不仅可以滋养每一名师生的心灵,也可以

改变和营造良好的校园文化生态,甚至转化为强大的文化凝聚力、向心力与辐射力。

可以说,探索实施驻校艺术家/作家计划,与近年来学校重视大学文化建设、突出文化育人实效,是一以贯之、相辅相成且互为因果的。我们坚持以"礼敬中华优秀传统文化"为抓手,并充分利用北航艺术馆、艺文空间、艺文雅苑和北航音乐厅等公益性文化设施,持续举办了数百场传承和弘扬优秀传统文化的精品艺术展览、舞台演出或艺文沙龙活动,为学生和社会公众提供了浓郁的人文艺术体验氛围,在承续优秀传统活化、建构大学文化传播平台的探索中,较好地实现了中华优秀传统文化艺术"化"人的效果。

原载《文化根·民族魂·中国梦》,上海交通大学出版社 2015 年出版;该项目获评全国高校"礼敬中华优秀文化"系列活动特色展示项目。

艺术与科技互动 文化与创享交融

——海峡两岸新媒体艺术交流及传播探索

　　文化创意,今天已成为一个与现代人息息相关、密不可分的概念。文化创意学作为一门新兴交叉学科,更具有旺盛的生命力和宽广的发展空间。从历史的维度看,文化是推动社会进步的核心力量,创意是文化自身发展的重要引擎和主导性特征。从学科本体的维度看,文化创意凝结着创新精神、创造品格以及智识形态,因而比任何时候都值得深入探究。譬如,创意从何开始? 创意与谁关联? 创意为谁服务? 创意价值何在? 特别是,在高新技术层出不穷、全媒体和互联网全面渗透社会日常生活的当下,文化创意学科更应该关注和思考文化与科技的关系本质,艺术作为文化之"花朵"如何与科技实现融合、互动,等等。

　　近年来,北京航空航天大学文化与艺术传播研究院与台湾交通大学、世新大学等高校的学者紧密合作,以在北航艺术馆共同策划举办系列艺术与科技展览为契机,深入探讨艺术与科技互动的内在机理,促进文化与创享交融的价值传递,在两岸大学文化艺术创意交流及传播实践中,做出了有益的探索。

一、真实与虚幻:科技、艺术与人文互动

　　新世纪以来,"科技、艺术与人文的融合"这个话题,正日益受到国际学术界的关注。科学、艺术与人文密不可分,逐渐成为人们的普遍共识。

一方面,科学家认为人文、艺术与审美,有助于触发灵感和创造性思维,为科学和技术创新提供了新的可能乃至"创造性灵魂";另一方面,艺术家也高度重视在创作中引入科学的元素,乃至科技的手段,使得艺术受惠于科技的发展,呈现出更加丰富的形态和更大的展示空间。

2006年9月,我们邀请时任台湾交通大学应用艺术研究所所长、博士生导师张恬君教授莅临北航艺术馆,举办了"科技、艺术与人文的融合"主题个展"万里云天:张恬君电脑艺术作品展"。张恬君教授是美国马里兰大学艺术教育哲学博士,人文、科技与艺术教育领域的知名学者、艺术家。她长期从事艺术哲学、科技艺术美学、数位科技、资讯及多媒体艺术的研究与教学工作,并深入电脑艺术领域进行创作实践,取得了突出的学术与艺术成果。

展览共展出了张恬君教授的电脑艺术作品55件。在这些作品中,她将生命哲学、书法和绘画元素与电脑技术相结合,期望透过电脑影像与隐喻的交融,呈现科技、艺术、人文乃至个体生命之体征:真实与虚幻的互动。张恬君教授的电脑艺术作品题材广泛、形态丰富,深刻地表达了对自然、对人生的洞察与哲思,挖掘了人的内心世界的丰富多彩,以及对生命、对心灵的独特精神阐释。她的创作像是一种仪式,或者一则则流露出淡淡宗教气质的寓言,引领观赏者进入"大我无我"境地的宁静、悠远的心灵景观,具有极强的艺术震撼力。

展览期间,张恬君教授做了《真实与虚幻的互动》的学术讲座。她认为,中国书法、书道以及传统哲学思想对她作品的影响和启示很大,书法里面的奇与正、曲与直、虚与实,虚实相生,这些都成为她创作电脑艺术的取材。而电脑艺术的特质包括即兴式的反复、可变的视心、现实世界的模型、纹理与质感、色调变化、交互作用、设计元素性程式等多个维度。若以美学特质的角度来看,电脑艺术创作方式可分为模仿、衍生、创新、突现四种类型,网络化、互动式又是电脑艺术很大的一个特质。因此,根植于科技、艺术与人文融合之路,她的作品反映了她作为艺术家的敏感和作为哲学家的睿度,她对每一幅作品都配以文字注解,静止的图像和诗性的语言浑然一体、相辅相成，反复审视、修正着电脑艺术的最大可能及其所能感悟与辐射的知性空间。

《科学时报》等媒体用整版的篇幅对展览和讲座进行了全方位的专题报道。可以说，"科技、艺术与人文的融合——'万里云天'张恬君电脑艺术作品展"，借助现代科技之手，借助传统的笔墨油彩，以艺术家独特的心智将它们交融，以穿越时空的气度与姿态，在对世界的动态观察和思考的冷静蔓延里，一次次解构着心灵的内核，剖析生命的庄严并使之呈现精神之壮美，创造了一片科技、人文与艺术深度交融的风景，给观者带来了一场视觉的盛宴与文化旅程。

二、此在之在：融汇艺术与科技的界域

近些年，大陆院校或综合类大学的艺术学院都相继开设了新媒体艺术专业。作为一种建立在以数字技术为核心基础，以电子、光学等媒介为基本语言的新艺术学科门类，新媒体艺术（数位艺术）在人们有限的视域中，许多还停留在数码插画、动画、视觉传达设计、计算机图像处理等范畴，鲜有从整体意识出发、从哲学本源探究、从概念和方法诸多方面融合转型的创新作品。而在海峡对岸的中国台湾，数位艺术的概念和形态，无论是理论模式还是作品呈现样式，都给人"耳目一新"的新媒体、新艺术感受。

2013 年 3 月，我们邀请中国台湾数位艺术家、世新大学公共关系暨广告学系曾钰涓副教授莅临北航艺术馆，举办了"此在之在——曾钰涓数位艺术作品展"。曾钰涓是中国台湾著名的数位艺术家和策展人。她坚持以网络互动形式进行互动艺术创作，是中国台湾第一个在美术馆进行网络实时互动创作的艺术家。她的艺术作品注重思考数字时代中"人"的存在状态，以一系列作品讨论由科技构筑的系统，集合人们生活、生命与生存之所在，实质上将数字艺术提升至了对"人本"的哲学思考的层面。此外，作为策展人的曾钰涓，曾参与主持中国台湾数位艺术脉流计划，策划了"脉波：'身体·性别·科技'数位艺术展""脉波：'身体·接

口'新媒体艺术展览""身体意识·台湾新媒体艺术女性创作者联展"等大型展览。

"此在之在——曾钰涓数字艺术作品展",是近年来大陆举办的最具学术性、当代性和前沿性的新媒体艺术个展之一,让观众在亲身参与互动艺术的同时,思考数字时代生命的存在状态,体悟虚拟与真实混杂的世界中,我们该如何观看、感知世界的存在,并意识自身的存在。

有观众留言:"'此在之在'作为先行者之代表,颇为有趣。技术改变世界,也改变人自己,思考艺术与技术之结合,是一个长久的命题。""想必这便是艺术与科技结合的魅力之所在吧!""这是很有意思的数字技术带来的新艺术,感觉的彩色艺术,人文思想体现的艺术。""到这里才感受到科学的魅力,才能更加感受到科技带给我们的心灵和视觉上的冲击!感谢展览让我们看到我们所不知的世界。""物质与意识、思维与存在一直就是个哲学问题,贯穿于人类史、思想史,近日有幸从中国台湾艺术家以数字角度重新解读这一问题,很有启发。科技带来的不仅是方便、自动化,更是心灵的层面。艺术家发现了现代人消失于数字的论断命题,剩下的就交给我们自己去思考了。"

展览展出的十余件(组)实物作品包括:互动装置《奇米拉之歌》等,影像及亚克力对象装置《移动中的风景》《快乐现场》等,表演录像记录《露希安娜娜的晚餐计划》,录像轮播作品展示《Let's MakeART》《你在哪里?》《带我去散步》《你是谁?》《漫》《Immersing ME》以及平面作品《花园图鉴》《Fuse》等。展览还以平面输出的方式,展出了曾钰涓数十件以往作品的展览场景及创作介绍。从曾钰涓的创作中,可以看到她作为一位思想深邃、学术理念渐成体系的学者型数字艺术家的生长路径。她的作品中到处闪耀着的艺术创意思维,透过人文与科技融汇互动的方式,呈现出超越时空维度、凝结生命哲思的景观,极大地拓展了艺术创作的空间,带来了新的艺术审美意蕴和文化思考,同时也反映了当下中国台湾数字艺术的新探索、新路径和新进展。

展览期间,曾钰涓做了《此在之在:数位艺术的发展与面貌》的学术讲座,详尽介绍了世界数字艺术的发展历史、创作形式以及当下中国台湾多媒体艺术的发展趋向。可以看出,曾钰涓创作很大程度体现了数位艺术生发和生长的整体性、创造性与精神性。她善于以其妙心编制抽象的、近在咫尺的梦幻,与她的作品悟对,常常会触及当代艺术的真性情与无限魅力。她的创作姿态及成果,充满了人文的反省和艺术的张力与吸引力,成为大数据时代携带着个人体温的艺术探索新"文本"——成为一片数位艺术的丛林——那里,是科技与人文、艺术与哲思交融的文化湿地,是融汇艺术与科技界域的审美价值追寻和艺术生命图景。

三、衍生:传统艺术与数位科技对晤

时至今日,人们常常会问,艺术的本质及艺术传承的价值是什么? 传统艺术与现代科技交融,能否繁衍出一种崭新的文化机理与良性生态? 以中国传统绘画为例,水墨画已经超过上千年的历史,迄今仍然处在发展变革之中。即便面对西方写实主义、古典绘画和现当代艺术的影响,中国历代水墨画家们仍在继承传统和开拓创新的道路上不懈探索,寻找中国画的复兴之路,推动着水墨画向前发展,也使中国水墨画呈现出强大的生命力,成为中华优秀传统文化不可替代的重要组成部分。

应当看到,当数位科技成为我们日常生活不可或缺的工具与媒介时,数位科技与艺术的关系也越来越密切。那么,传统水墨画能否与数位艺术相结合? 它们的结合将会带来怎样的面貌? 从文化创意和艺术传播角度,是否可能产生新的思考和方向?

2015 年 10 月,我们请曾钰涓博士担任联合策展人并与台湾艺数网合作,在北航艺术馆策划举办了"衍生——两岸水墨艺术暨数位互动作品展",期望以此在传统艺术与数位科技的交互、交融中,碰撞出新的艺术创作理念与人文火花。展览邀请了刘巨德、丁密金、李汉平、洪潮、马良书、蔡劲松、韩朝、梁秀中、罗芳、黄光男、林章湖、蔡渔、孙翼华、胡以诚共14 位知名艺术家参展,每位艺术家展出 1 件纸本水墨山水或花鸟画作。展览同时以其画为本,制作数位动态作品,将原作与数位作品并置展出。

　　清华大学美术学院学术委员会原主席、教授、博导、中国美术家协会理事刘巨德教授,注重在中西结合中探寻适合于自己气质个性的新途,把西方现代艺术和中国传统艺术进行对照,在差异中找出其共通性。他参展本次展览纸本彩墨作品《春雪》,淡彩留白,简洁大气,一群春鸟栖息于落满春雪的玉兰枝头,自然的诗韵与生命的气息跃然纸上。台湾师范大学艺术学院原院长、年逾八旬的梁秀中教授,投身美术教育和艺术创作超过半世纪,在创作上汲取传统的绘画内涵,风格清新、雅致圆润中见质朴。她参展本次展览的纸本彩墨作品《黄山雨景》,运笔生动,色彩变化丰富,回荡着一股清雅与生命的感动。其他两岸参展艺术家的作品,艺术精神和创作面貌都透过他们的笔墨挥洒,呈现出中国水墨画一脉相承的品格与气韵,也反映了艺术家们心灵深处的艺术情怀、人文思绪和生命观照。

　　本次展览展出的两岸 14 位艺术家的 14 件水墨画作,都被艺数网技术团队制作成了数位互动作品。展厅中 14 个艺数框中的水墨画,通过编程控制衍生成为活态的"新媒体画作"。它们并非是被过度演绎的三维动画,而是在尊重水墨画原作意象基础上的适度情景、意境"增色"。当观众经过时,静止的画面中,微风摇曳,春雪飘零,鸟鸣船移,飞瀑落下,鱼儿游跃,古琴传音……动起来的,是诗性时空,是内心冥想,是创享交融。展览以数位科技诠释艺术家水墨创作,不仅仅是让画面元素动起来,更是解读艺术家的创作意识与创作情境,彰显艺术家对世界的感知与素养。

　　艺数网作为本次展览的技术支持和合作方,是中国台湾兼备电子光电科技及数位艺术背景的公司。结合深耕多年的色彩管理与节能系统、电子科技研发、电子商务平台、网络开发平台团队,以及具有丰富策展经验与创作实力的数位艺术创作团队,艺数网致力达到数位超越想象、超越空间的理想,打造了高科技、高工艺水平且专属艺术家需求而量身研发的高阶显示器——艺数框 FRAME,为数位艺术家开创了一个有价值的展现实体平台,透过网络云端科技创设了聚焦于数位化艺术云端的百货公司(DigitalArt M arket)、数位典藏资料库(Digital Art Database)、整合与交流服务平台艺数集(Art Market),目标是开创高价值的跨界文化创意经济产业。

本次展览,将两岸艺术家的绘画原作与数位互动作品并置展出,透过数位科技的动画与互动机制,拆解传统水墨绘画的图像,加入声音、动作与绚丽效果,再以互动界面的控制操纵,增强观众的观赏体验。事实上,观众观看作品,是一种观看、凝视、接收与感知的心智过程,绘画作品传递审美信息,是一种单向的过程。观者在观看中接收画面信息并与自己的记忆重叠,联想延伸自身的知觉经验而获得审美感受。通过数位互动作品的衍生,使得绘画原作与数位作品在观者的欣赏与凝视中被发掘,并与观者自身的知识与文化背景产生回应与知觉感受,进而形成一种以艺术创作为主体、科技手段为辅助的人文互动。那么,数位作品的情、意与境,不仅仅是"会动的影像",而是透过数位手法,凸显艺术家意欲传递的艺术神韵,引领观者去理解艺术家笔墨中的情思。

因此,本展览不仅构建了两岸水墨画艺术之间的对话,还通过原作与数位作品的悟对与互动,让观者深刻体味数位水墨的表现方式与意义,同时也创设了一场传统艺术与现代科技之间的对话场域,拓展了艺术创承及创播的多元可能性。

综上,北航文化与艺术传播研究院通过与中国台湾高校学者、艺术家合作举办系列新媒体艺术展览的模式,坚持在科技、艺术与人文的互动间探寻契合点,透过文化创意与艺术传播的多维度整合,让艺术插上科技的翅膀、科技融入艺术的基因,使艺术与科技实现深度统一、融合,在与社会分享文化艺术之美的同时,以创新、创意、创享的实践,较好地促进了两岸新媒体艺术的交流及传播。

本文系 2015 年 10 月,作者在杭州召开的"第 12 届海峡两岸文化创意产业高校研究联盟暨白马湖论坛"上做的大会报告;载《创新·创意·创业——海峡两岸文创研究报告 2015》,中国传媒大学出版社 2016 年 12 月版。

大学办艺术馆要"耐得住寂寞"

受访者/蔡劲松
采访者/《中国文化报》记者　李百灵
实习生　郭羿君　韩　禹

　　国内综合性大学设立美术馆的为数寥寥,有报道称"收入支出严重不平衡使高校艺术馆遭遇'冷场'尴尬"。然而,不久前度过4岁生日的北京航空航天大学艺术馆,却办得有声有色、蒸蒸日上。

　　4年来,北航艺术馆成功举办了80多次展览,其中不乏优秀的展览:俄罗斯数十位当代画家的油画作品、中国台湾艺术家的电脑艺术作品、苗族蜡染艺术作品、北航学子的科技创新作品、艺术大师吴冠中的绘画精品……北航艺术馆不仅在国内高等院校独树一帜,在社会上也引起了相当大的反响。

　　该馆以"灵感需要空间,想象插上翅膀"为宗旨,在展现高校艺术教育及成果,推动当代艺术的多元化发展,促进艺术创作的探索性、独立性、科学性与学术价值等方面,发挥着越来越重要的作用,被媒体誉为"中国高校最有影响力的公益性公共艺术空间"。

　　记者:对于北航这样的理工科院校来说,一座艺术馆的存在有什么样的价值和意义?

　　蔡劲松:北京航空航天大学是一所具有航空航天特色和工程技术优势的多学科性、开放式、研究型大学,校园文化具有较强的理工科背景,人文艺术就显得比较薄弱。师生们总感到校园中缺乏"文化"的活力,少了些审美基因。

北航艺术馆存在的价值,在于我们举办的每一次展览及这些展览所形成的"文化场"。北航艺术馆不仅仅是一个"开展览的地方",4 年来,它以独特的魅力与亲和力吸引着校园内外的观众,以一种"润物细无声"的方式,使观众特别是莘莘学子从中受到心灵感化和艺术启迪,发挥着文化育人的功能,也促进了大学文化育人功能的深化、拓展和延伸。

北航艺术馆通过高品位的展览为大学生提供了一条美育的渠道。学生们从许多参展艺术家的"艺术人生"受到启迪,艺术家们对艺术创作的执着和追求、对生活的描绘和热爱,感染、熏陶和鼓舞着同学们。北航现有艺术类专业学生近千人,北航艺术馆的各类展览为新媒体艺术和工业设计专业的学生提供了现场学习的机会,北航艺术馆还全力支持他们在艺术馆举办毕业生作品展、毕业答辩等,有力地促进了北航人才培养与学科建设。

2007 年 6 月 6 日,当时已 88 岁高龄的艺术家吴冠中莅临正在举办"天地之艺:吴冠中版画展"的北航艺术馆时,曾深有感触地说:"这才是大学,这才是美育,中国的大学早就应该这样了!"

记者:北航艺术馆的办馆目标和理念是什么？如何保证展览的品位？

蔡劲松:北航艺术馆办馆的核心理念是"公益性、专业化、高品位"。北航艺术馆是一个承担文化育人功能、向师生和社会观众免费开放的大学公共艺术传播空间和展览场所,以传播科学精神、人文精神和大学精神为理想,致力于大学"艺境"的营建、大学生和社会公众审美艺术素养的提升,从而在大学文化传承发展中扮演国家新兴文化艺术力量不可替代的角色。我们的目标是使之成为全国高校一流的、具有较大社会影响的大学艺术场馆。

北航艺术馆以"双年展为核心,邀请展、申请展、常规展相结合"为策展思路。常规展是我们的立馆之基,邀请展是"高品位"的保证。为保证展览的"高品位",我们对展览作品有较高的要求,比如要有一定的艺术水准和学术性,虽然不要求达到大师的高度,但是我们有自己的学术基准线要求。迄今为止,我们一共举办了84个展览,其中大部分是我们自主策划的展览。

记者:从北航艺术馆成立到现在,你最感欣慰的是什么？亟待完善的是什么？

蔡劲松:最欣慰的就是我们坚持下来了,而且做得有声有色。我们每半个月策展一次,注重展览的内涵,坚持学术性的态度,认认真真、踏踏实实地完成好每一次展览。我们不是第一个办艺术馆的大学,但我们是高等院校里面第一家校级成立的公益性艺术馆。我们办展览的持续性很好,我们通过展览不断扩大文化教育的影响,这与其他同类院校展馆相比是很难得的。

除了展览之外,近年来,我们通过做校园的文化景观和环境改造雕塑,逐渐形成了自己的校园文化。我们做了二三十件有着比较高的艺术品位和内涵的文化景观作品和一批有艺术创意的雕塑,校园内外给予的评价还是相当好的。

当然,需要完善的地方也很多。目前我们的艺术馆太小,只有400平方米,希望能够逐渐扩大规模。另外,北航艺术馆目前只有展览的功能,未来我们将逐渐完善学术交流、收藏的功能。虽然我们的资金有限,但要把艺术馆的作用发挥到极致。

记者:高校艺术馆已经成为博物馆事业中的一支新生力量。在你看来,高校艺术馆发展普遍面临的难题是什么？有何建议？

蔡劲松:大学办艺术馆要"耐得住寂寞"。

现在各高校都重视科学文化教育,但对美育关注度不够。应当说,国家在学生艺术素养的培养上是不够重视的。我在全国很多的新校区参观过,都是一样的现代化设施和建筑,缺少学校特色的精神文化内涵。

美国做过一个调查:为什么人造卫星是由苏联而不是美国第一个发射成功的？研究结果显示,苏联重视对人们艺术素养的培养。这从一个侧面反映了文化素养的重要性。高校艺术馆作为艺术教育的重要方式之一，其建立和发展是十分有必要的。

有人认为高校艺术馆要发展很困难，资金、运行机制等都是问题，其实不然。北航艺术馆每年的运营资金也就几万元，由学校拨款。首先，关键在于学校是否重视和支持，是否有适合的人来负责实施。其次，要有良好的运营模式。北航艺术馆主动引进的国内外重要展览由学校拨款运作，一般性展览的筹备和举办期间的有关宣传、布展和值班等费用，都由展览承办方来负责，我们免费提供场地，这样就大大节省了开支。

记者：有人曾提议高校图书馆对社会开放，高校艺术馆是否应该以此为发展目标，成为全民共享的文化殿堂？

蔡劲松：我不赞同大学艺术馆的功利性。当前，中国的大学艺术馆建设，最需要的是一种开放性的体制机制，来实现公共艺术传播、文化育人和大学"艺境"构建。然而，今天的中国高等教育，仍然缺乏大学艺术馆创建、运行及开放的良好大环境。如国内一些普通高校虽然设有艺术场馆，但大多隶属于艺术院系，偶尔的展览缺乏整体性、连续性和开放性。我国大部分专业美术院校的美术馆，只对本校的师生免费开放，对校外参观者都要收取门票费用，这无形中为艺术教育及传播抹上了一层阴影，无形中拉大了大学与社会、艺术与观众的情感和心理距离。

大学的围墙，不应该成为阻隔文化走向大众的障碍。人们进入大学校园，希望感受到大学厚重的文化积淀和宽阔的办学胸怀。北航艺术馆从建馆之初就坚持对社会开放，我们通过艺术馆这个平台，让公众在享受文化之美的同时，更深入地认识到审美艺术对人才培养的重要作用。我们要从大学文化的角度来看待大学公共艺术的建设和传播，大学"艺境"是需要我们共同努力来创造的。

原载《中国文化报》2010 年 8 月 3 日

作为文化场域的"艺术性"

在当代文化语境中,艺术性是一个被逐渐泛化的概念。一般认为,艺术性反映的是人的社会生活和思想感情表达所体现的美好表现程度,例如在艺术处理、艺术表现、艺术形象、艺术结构、艺术语言等方面所达到的完美程度。这样的论断,固然是从社会需要的层面做出的合理阐释,但由于它过于"合理",过于"美好"甚至"完美",以至于许多从事造型艺术创作的人,常常脱离艺术本体的场域,脱离于内在的真,而片面追求"好看",追求一般性的审美与所谓精当性、逼真性、表现性和完整性,并奢谈观念、技术、市场乃至影响。不仅如此,近些年来,艺术创造还遭遇了前所未有的问题。诸如,网络形态下的大数据和全媒体冲击,社会转型和经济、文化全球化的挑战等。造型艺术的独立性和价值判断,犹如文化场域里被悬空的钢丝,在迷雾重重中装腔作势,支架单薄且若隐若现。晃荡中,谁还能够把握其原初的内涵质地与创造的时代秉性呢?

这个时代,问题意识和跨文化视野,比任何时候都更需要引起艺术家的关注和反思。

策划举办以"融合·建构"为主题的第五届北航艺术馆当代艺术邀请展(双年展),即是基于这样的思考而做出的探索性努力。这个主题,也是前四届北航艺术馆双年展——"灵感·空间"(2006)、"激情·超越"(2008)、"意象·特质"(2010)、"文脉·气韵"(2012)探讨问题的延续。我们邀请的艺术家,大多具有学院背景和学术积淀,从第一届到第五届,历经近十年的创作过程,他们各自提供了或一脉相承,或风格迥异的作品。无论是艺术家个体,还是五届展览呈现的整体面貌,都在时间的洪流中留下了深刻的印痕。

提出"融合·建构"的命题,在我们看来,首先是关于艺术创作中文化场域的构建问题。场最早是物理学中的概念。作为物质存在形式的一种,场中存在已知的引力、磁力或电力等效应。文化场域的实质是一种社会文化存在形态,它看不见,但可感知;摸不着,但可扩散;无定式,但影响深、范围广。文化场域也是一个动态的、历史的积淀过程,是一个时间的函数,即在文化的变迁中,文化体系会发生变化、产生系统性"振荡",其场的幅值也将随时间而变。具体到文化场域中的造型艺术领域,"艺术场"既反映为一种空间关系,又表现为一种社会文化关系,更呈现出一种独立的文化张力、艺术状态和艺术特征。当然,文化场域中的"艺术性",并不是一个十分明确的概念。学术界通常以一种循环的方式自我论证,认为"艺术性"就是使艺术成为艺术的特性。此外,还有从创作语言学、美学甚至社会心理学等角度得出的结论。无论是哪一种印证方式,窃以为我们关注的重心,都应该转移到对艺术的本体性认知、独立性探索和文化性映射上来,究竟是什么使一种造型表达成了艺术作品?

部分答案,或许就在"融合·建构"第五届北航艺术馆当代艺术邀请展(双年展)的作品中间。

透过这次展览,我们倡导的是一种跨空间、跨文化、跨学科、跨领域的文化思维模式和艺术创作姿态,是一种跨越行为中艺术观念与创作实践的融合,也是文化视野下艺术家个体的多维智识积累、艺术品格与价值取向的融合。终究,文化场域中造型艺术"艺术性"的建构,必然要通过作品本身来呈现,也必然涉及艺术家在创作实践中对物理空间、社会空间、艺术空间等本质与规律的不懈思考,承载着他们直面传统和时代挑战时的文化自觉与自信。

这一回展览,我们共邀请到70位艺术家的120余件作品参展,包括水墨、油画、雕塑、综合材料、影像等多个类别。这些作品中,可以看到参展艺术家们正视和把握了当代艺术创作中的一些重要命题,从文化场域中的"艺术性"出发,以融合和建构的姿态,以开放性的眼光将"艺术性"引入艺术创作的幻象世界,创造了在场的生命精神与文化感受,也造就了诸多具有审美意蕴和人文品格的价值经验。

可以说,本届展览参展艺术家们持续进行的多方向探索与努力,成效是十分显著的。他们的作品中不仅深入反映了艺术与社会、文化、生态、心灵等议题的关系,还通过对创作理念和要素的流变梳理乃至整合,共同营建了一片充满生命哲思、情感升华、文化肌理和技术创新的本真艺术语境,也为大家带来了一个具有学术性、独创性、体现当代艺术发展趋向的大型艺术展览。

回到当下。面对世界范围内的焦虑、文化冲突和造型艺术遇到的挑战与问题,艺术家们,虔诚于你们的灵悟与果断吧,从内在的形、色和思维碎片里,抽离出创造的本源,抽离出往深处寻觅的青石板铺就的路径——那条道路,既幽静,又绵长——那是一个时代的背影,又是超越于时间刻度的自我放逐、领悟创造中的艺术本质与永恒精神价值。

本文系作者为"融合·建构"第五届北航艺术馆当代艺术邀请展(双年展)撰写的前言,载《艺术中国》2014年10月11日。

艺文载道　闳约深美

——北航艺术馆十年探索与思考

在高等教育发展的历史长河中,大学精神与文化品质的诠释和重塑、大学文化的传承与认同,对每一所大学都十分重要。纵观世界一流大学,几乎无一例外都拥有深厚的文化传统,都拥有一座或多座内涵丰厚的博物馆。特别是大学艺术博物馆,已逐渐成为一流大学的重要文化载体与生动表征,成为融思想性、知识性、文化性、艺术性、服务性于一体的"立体教科书",成为大学校园中人文艺术滋养的"心灵钥匙",成为开启大学人创造性潜能和艺术生活的"文化密码"。

2006 年 5 月 15 日,北京航空航天大学艺术馆(以下简称"北航艺术馆")正式落成开放了。"灵感需要空间,想象插上翅膀",这句饱含诗意的开馆主旨语,为此后十年北航艺术馆的发展埋下了不懈求索的伏笔。所谓"艺文载道,闳约深美",即我们始终怀着一颗艺术的心灵,坚持品牌定位、长期积淀、文化立馆,在大学美育和文化育人的路径上,在营建大学艺境的过程中,守护文化的镜像,播种审美的意蕴,涵养艺术生命精神的星空。

一、坚持品牌定位,树立文化育人的理念与思路

北航艺术馆的定位,是一个坚持"公益性、专业化、高品位"、承担文化育人功能、面向师生及社会公众免费开放的文化传播空间和艺术展览

场馆。十年间,我们探索以展览为核心的工作模式,持之以恒地将高雅艺术引入校园,不断提升自身的学术品格和社会影响力,对师生和社会观众进行潜移默化的艺术熏陶,发挥人文艺术滋养和公共文化传播作用,开启了一扇艺术、人文与科学精神之花竞相绽放之窗,在两校区举办展览逾200期,校内外观众超过百万人次,被媒体誉为"中国高校最有影响力的公益性公共艺术传播空间"。

北航艺术馆坚持服务于大学的发展建设,以传播科学精神、人文精神和大学精神为理想,以展陈、研究、收藏和推介艺术及其探索性、创造性、丰富性为手段,致力于大学艺境的营建、大学人和社会公众审美艺术素养的提升,从而在文化传承创新中扮演着大学独特的角色。

北航艺术馆坚持服务于大学的人才培养,以"灵感需要空间,想象插上翅膀"为宗旨,坚持"文化育人"的核心办馆方针,着眼于艺术感悟与体验、科学与艺术的融合,常年不间断举办高品位的展览,免费面向师生和社会观众开放,成为逐渐完善的大学公共艺术传播空间和展览场馆。

北航艺术馆坚持服务于大学的文化引领,着眼于育人理念和传播模式的更新,以适应大学人的精神审美需求,建设惠及大学和社会的美学公共课堂,成为创造性思维的拓展和高雅艺术激荡碰撞的交流活动场所,乃至大学文化发展的风向标和新阵地。

二、坚持长期积淀,涵养艺术审美传播的文化场

北航艺术馆平均每年不间断举办展览 20 次左右,通过每一次展览的举办,拓展和发挥自身"造血"功能,逐步扩大影响、赢得更多支持。十年多来围绕举办高品位的展览这一核心加以构建,涵养和积淀了浓郁的大学公共艺术传播文化场,形成了人文艺术素养教育和公共艺术传播品牌。

从展览内容看,200 余场展览中,包括国内外重要艺术作品、传统文化和民间艺术精品、师生的艺术与科技作品等。其中,体现国家水平的文化艺术展和体现世界水平的国外大师作品展占到了相当的比重。如 20世纪中国文学大师风采展、中国美术馆馆藏国画经典、世界艺术大师达

利、毕加索、希施金的作品展、瑞士建筑与视觉展,分别以"灵感·空间""激情·超越""意象·特质""文脉·气韵""融合·建构"为主题的五届北航艺术馆当代艺术邀请展(双年展),李可染、吴冠中、欧阳中石、刘巨德等艺术大家的作品展,以及当代众多艺术名家作品展等,无论是展览层次、规模,还是作品内容与艺术水平,都堪称一流,较好地提升了北航艺术馆的整体品质。

从展览形式看,这里常规展、邀请展、申请展相互辉映,群展、个展接踵而至、类别多样,几乎涵盖了所有艺术门类,成为学校与艺术家沟通互动、大学文化与高雅艺术激荡碰撞的桥梁。北航艺术馆坚持以展览为核心的工作模式,组织构架、运行条件与管理制度、策划执行与学术保障等方面,都围绕举办高水平的展览这个核心环节不断完善推进。

内容丰富的展览,既是一种艺术的物化与思想的表达,也是北航艺术馆成长和发展过程中的生命养分。北航艺术馆通过策划举办各类展览,提升自身的学术品格、鲜明风格和社会影响力,逐渐形成以自主策划举办"双年展"为重点,以策划举办"常规展""邀请展"和"申请展"三类形式为版块的良性运作机制。此外,还不定期为大学生、教职工及老同志策划举办书画、摄影等专题展,使师生在分享艺术魅力的同时参与到文化建设之中。

从展览效果看,北航艺术馆每月举办展览 2 次左右,吸引了越来越多的师生和社会观众,使其受到艺术的感染和启迪。这里举办的每一期展览,都会留下厚厚的一本观众留言:"艺术永远是人类的精神之花""感受艺术,我好像走进最美丽的世界……""不出校门,就可以看到大师的作品,真好!""美的享受,感谢北航艺术馆!""艺术之花,常开北航绿地""要毕业了,大学四年最不舍北航艺术馆"……北航艺术馆与莘莘学子的互动,使大学公共艺术传播成为学生成长发展的丰富养分。

十年间,北航艺术馆注重依托丰厚的学术资源、品牌优势和不断探索的公共教育形式,为师生、社会公众开辟美育渠道和提升文化艺术素养的第二课堂,也为艺术类学生的专业教学提供了实践平台,深化了优秀传统文化、艺术审美教育的内涵,拓展了观众的文化艺术视野,在润物细无声中使观众受到心灵感化和艺术启迪。如举办"20世纪中国画风采"中国美术馆馆藏作品展期间,邀请美术理论家作"延续与开拓:20世纪中国社会的发展与中国画的演进"的报告,从社会与艺术互动的历史观出发,详细地介绍了20世纪中国画的演进过程,为观众提供了欣赏经典艺术的全新视角。在《中国青年报》经典新闻摄影作品展现场,邀请著名摄影家讲述"30年:一个人的摄影记录",呈现改革开放以来摄影镜头中发生的故事。"衍生——两岸水墨与数位艺术互动展",汇聚了海峡两岸14位知名艺术家的14件水墨原作及其数位互动作品,"数字艺术的发展与面貌"专题讲座,以及两岸在水墨艺术传承与创新、传统艺术与数位科技融合领域的"双对话"沙龙,促进了海峡两岸文化艺术创作、传播和交流。

自2013年起,我们还策划实施了"艺文赏析与体验"教育项目,率先在全国高校探索实施"驻校艺术家/作家计划",目前已举办"中国山水画赏析与创作""中华诗词赏析与创作""中国花鸟画赏析与创作"研修班3期,举办多次艺文雅集活动和项目成果展览,公开出版了《与艺术为友——驻校艺术家计划档案》《词韵诗心——驻校作家计划档案》《丹青毓秀——驻校艺术家计划档案》3部"集成式"艺术人文教育案例与成果,产生了良好的社会反响。

三、坚持文化立馆,拓展创造性艺术生活新境界

近年来,北航在创新文化建设机制、统筹文化场馆建设、开展人文艺术素养教育等方面不断探索,取得了初步成效。2012年4月,作为北航艺术馆的分支机构——沙河校区艺文空间正式建成并启用,每年都会移展近10次专门为沙河校区一、二年级的同学开放,在提供艺术审美教育、发挥文化育人作用中使更多的学生受益。今天的北航校园遍布着多样性的文化场馆,艺术滋养着校园空间,拓展了文化育人和校园创造性艺术生活的新境界。

十年来,新闻媒体和社会各界对北航艺术馆不断给予关注,全国几十

家主流媒体、网站先后数百次跟踪报道北航艺术馆的做法及成效。《人民日报》曾在"焦点"栏目的"传承人文"专题中，介绍北航艺术馆"在展览中做到艺术性与科学性结合、社会艺术人士与北航师生作品结合，给学子的创新思维和想象插上翅膀。"《科技日报》用整版的篇幅对北航艺术馆的模式与经验进行报道："北航艺术馆举办的展览，对于从文化视角考察当代中国大学的社会职责与承载，有着标本式的意义。"《中国教育报》的报道认为："北航艺术馆的作用和意义并不囿于一所高校内，它对社会教育功能的着力承担是我们这个社会建设和谐文化的一个缩影。"《光明日报》刊文指出："作为全国高校第一所向社会免费开放的艺术馆，北航艺术馆已经承担起向社会传播人文精神的重任，成为高校与社会分享文化之美的桥梁。"《中国文化报》的报道认为北航艺术馆"在展现高校艺术教育及成果，推动当代艺术的多元化发展，促进艺术创作的探索性、独立性、科学性与学术价值等方面，发挥着越来越重要的作用，堪称'中国高校最有影响力的公益性公共艺术空间'。"著名艺术家吴冠中先生生前曾莅临正在举办其个展的北航艺术馆，如此评价道："这才是大学，这才是美育，中国的大学早就应该这样了。"

　　十年间，北航艺术馆为实现自己的理想抱负与远景目标，始终谨记并秉承以下文化育人使命：

　　——作为大学文化土壤中播种的一粒发芽、开花的种子，北航艺术馆通过生动多元的传播途径，促进艺术与大学人的亲近、大学与社会公众的亲近，促进校内外观众对艺术的认知和学习，它的姿态是开放的，也是具有社会责任感和创新品质的。

　　——北航艺术馆不仅是大学校园里的艺术馆，更是社会公众的艺术馆，其职能也不仅仅是展陈艺术品，更重要的是用艺术的手段，展示对人的成长与发展的关注、对生命与自然的感悟、对社会与未来的思考。

　　——北航艺术馆不同于一般的社会美术馆，其核心使命是传播科学精神与人文情怀，将艺术性、知识性、创造性与传统性相交融，启发大学人及社会公众的灵感思维，并为教育、研究以及大学公共艺术发展服务，成为开启创造性潜能的"心灵钥匙"和"文化密码"。

——北航艺术馆将致力于建成中国坚守大学之道,最具独立精神,最具个性、包容性、辐射性和开放性的大学文化艺术传播品牌之一。

特别要说明的是,北航艺术馆坚持公益性的运营办馆方针,得到了艺术家们的大力支持。这里举办的每一次展览,均不对参展艺术家提任何附加条件,而是以坚持艺术性、审美性、学术性、公益性为前提。由于条件的制约,北航艺术馆亦无专门的经费用于"豪华"策展和作品收藏,但十年来在此举办过展览的许多艺术家主动捐赠作品,使北航艺术馆逐渐丰富了自身馆藏的类别和数量。

我们深知,大学艺术馆、博物馆作为一所大学的文化地标或文化名片,是大学精神"气质"与"韵味"的集中体现。北航艺术馆未来的发展,既是一个内在凝练、提质升级的过程,也是一个广泛开展合作交流、兼容并收的文化整合与融合过程。这需要进一步厘清对大学艺术博物馆的文化认知与职能定位,坚持公益性策略方针、可持续建设理念、开拓性发展导向,进一步探讨如何建立适应文化育人和公共服务的核心目标与先进的经营管理模式,争取社会力量多渠道筹措资金、捐赠藏品,全面实现向公益性开放、向学术型增强、向资源性拓展、向综合性深化、向国际化互动的发展新趋向,将大学艺术博物馆建设成为社区、城市乃至国家的文化承载者和传播者。

原载《北京教育(高教)》2016 年第 5 期;收录入 2016 年 11 月 8 - 10 日在台湾成功大学举办的"2016 大学博物馆国际研讨会"论文集。

大学文化建设需坚持理想现实统一

受访者/蔡劲松
采访者/《中国科学报》记者　陈　彬
实习生　赵鹏飞　阚凤云

"当前,全球化、网络化、多媒体的大背景,为大学文化带来了巨大冲击,但越是处在这样深刻变革的时代,我们越需要凝聚'慢下来'的能力,克服文化异化的危机和庸俗化、娱乐化倾向。"

2016 年,对于蔡劲松来说是有着特殊意义的一年。在这一年,他正式履新,担任了北京航空航天大学人文与社会科学高等研究院院长,对于曾担任 11 年北航宣传部长、长期浸淫于大学文化研究与实践的蔡劲松来说,这可以算是一块新的"阵地"了。

事实上,蔡劲松迄今还同时兼任北航文化与艺术传播研究院执行院长、艺术馆馆长。近些年来,北航的文化建设和文化育人一直是他的主要工作内容之一。对于大学文化建设这一全社会越来越关注的话题,蔡劲松有着自己的一份理解和思考。

重内涵还是重形式

《中国科学报》:近期,媒体公布了多则关于大学图书馆、博物馆设施豪华引发质疑的新闻。似乎之前一直处于"缺钱"状态的大学文化建设,忽然变得"不差钱"了。您认为是这样吗?

蔡劲松：这种表象和争议并非最近才出现。我们常说，大学是知识的守望者、传承者和创造者，是社会进步的"思想库"，是引领社会文化的"风向标"，这一切都源于大学的文化属性与文化担当，需要涵育、承续和建设。今天的中国大学亟待新建和完善一批多样性的文化设施，这不仅应重视基础硬件等外在条件，更应当重视其内涵建设和公共性、开放性、服务性职能的承载。

作为一所建设发展中的大学，努力争取到各方更多的支持，将图书馆、博物馆等设施建成"标志性"建筑本是无可厚非的，但学校层面应当更加注重的是，如何统筹有限的经费资源，需要考虑先做什么后做什么，为构建良好的校园人文生态环境打牢基础。

《中国科学报》：那么在您看来，高校应该如何去规划自己的文化设施建设？

蔡劲松：从规划角度看，大学文化设施首先是寄托师生人文情怀、精神理想和审美追求的文化载体。一所学校的文化建筑设施，特别是新校区的建筑一般都有总体规划，可以具体到某个建筑与校园总规划是否相匹配，其造型、色彩等是否与整体环境相融合。建筑是一门艺术，有些设计也许在风格上更新潮、特征更鲜明一些。这其实都问题不大，主要问题在于这些建筑建成后的形态与空间，能否承载其职能使命和内容发展之需。

例如图书馆，当下许多高校存在的问题不是建得太"豪华"，而是图书馆的数量、可用公共空间、馆藏资源及信息共享平台太少。换言之，利用率和服务性不足，开放性也有所欠缺，这是国内大学文化场馆与世界知名大学文化场馆间最大的差距。因此，大学校园里的文化设施，不能只是"徒有其表"，应当充分考虑其内容的丰富和内涵的提升，特别是管理服务及使用效率的提高。

沉淀人文滋养,培植文化土壤

《中国科学报》:您曾提到过一个大学"文化场"的概念,对此您能否作一个简单解释?

蔡劲松:在我看来,"文化场"既是大学文化的一种存在形态,也是大学文化建设的重要维度。它看不见但可感知,摸不着但可建设,无定式但影响深、范围广。大学"文化场"尤其需要时间去沉淀人文的滋养,正因为此,大学文化才能以"场"的形态对人们产生价值的辐射、传递文化的温度、施以精神的影响。

在一次演讲中,清华大学校长邱勇曾提到,清华将"更创新、更国际、更人文"。这三个"更",给我的印象很深。在一所大学里,硬件设施当然非常重要,但更重要的是学校的教育教学、科研学术、管理服务、校园活动,甚至校园的一草一木所形成的"文化场"给人带来的影响。在一所文化氛围浓郁的大学里,即使你只是一个匆匆而过的访客,也能体悟到不一样的感受。反观我们的大学,尤其是一些新校区,奇缺的是人文的滋养,少有让人记忆深刻、流连忘返的地方。

《中国科学报》:您所提到的新校区问题是一个普遍存在的问题,但毕竟新校区缺少时间的沉淀,在文化建设上是存在一些先天性劣势的。那么在您看来,该如何弥补这样的劣势?

蔡劲松:必须看到,一座校园的文化积淀需要一段相当长的时期,甚至将一直贯穿大学办学的始终。我国大规模的高校新校区建设却是近十几年的事情。因此,现在其实是处在一个相对比较尴尬的时间段。加之多数的高校新校区都建在相对偏僻的城市周边,而我国的城乡发展并不及国外那样均衡,这就使得新旧校区之间的文化差异更加凸显。

然而,客观因素的不利并不意味着可以放任不作为、无事可做。大学最根本的任务是培养人。围绕人才培养的核心,大学应以冷静和建设的

222

态度,强化对教育教学本质的践行与反思。特别是加大对新校区人才培养各环节的倾斜力度,重视校园文化生态的系统性建设,充分引进和利用校外资源,重新规划实施重点文化育人项目,扩大学生的受益面。

让校园静下来

《中国科学报》:理想中的大学校园应该是怎样的?

蔡劲松:曾经有位高校领导说过这样一句话:现在的大学太喧嚣了,大学校园应该静下来。在我的理解中,静下来并不代表着悄无声息、死于沉寂,而是要勇于反思,坚守价值理想,让校园回到育人为本,回到文化传承的本原状态。一所拥有优秀文化传统的大学,如同一座被无数多元舞台环绕的大剧院。在这里可上演各种形态的剧目。师生可以随时登台演出,也可以自由探讨剧本、交流演技,甚或思辨交融,创造出新剧种。在这种无杂念、有情怀、求真向善的相互关系中,校园里呈现的是"富有生命的交往"。这也许就是大学里师生之间、学生之间应该重塑的理想状态。

《中国科学报》:您觉得该如何去实现这样的状态呢?其关键点在哪里?

蔡劲松:其实现在很多大学团队、老师都在朝着这个方向努力。而且我相信大多数高校从业者的内心都在秉持这一份理想。至于如何实现,最简单地说,要靠每一名大学人的坚守和努力。

比如我所在的人文与社会科学高等研究院负责的知行文科试验班,每届学生都要开展"文化游学"活动,还要在毕业前夕自主排演一场莎士比亚的经典剧目。之所以这样做,就是希望为学生搭建一个"无用之用"的人文滋养平台,其成效虽然无法用指标考核和衡量,但这种经历何尝不是同学们人生旅程中值得珍视和回味的文化记忆呢?

回过头来看,很多时候我们缺少的不是理念与口号,而是本真的行动。大学文化建设既要仰望星空,也要脚踏实地,这是辩证统一的。当前,全球化、网络化、多媒体的大背景,为大学文化带来了巨大冲击,但越是处在这样深刻变革的时代,我们越需要凝聚"慢下来"的能力,克服文化异化的危机和庸俗化、娱乐化倾向。

大学文化传承创新的关键,其实就在于能否回归初心,再由此出发,真正深入到文化的内核,用心发掘、播种、创造和传递——在这方面,最近备受关注的诗词文化类电视节目就给了我们很好的启示。在文化传承发展的实践路径上,大学更应该有创新的意识、勇气和动力,做出示范性探索,发挥社会引领作用。

原载《中国科学报》2017 年 2 月 14 日